Laura Vanderkam

HOME OFFICE

Como se adaptar sem perder a cabeça nem aquela promoção

CB026075

Texto fixado conforme as regras do Acordo Ortográfico da Língua Portuguesa (Decreto Legislativo no 54, de 1995).

Editora responsável: **Amanda Orlando**

Assistente editorial: **Isis Batista**

Revisão: **Marcela Ramos** e **Thamiris Leiroza**

Capa, diagramação e projeto gráfico: **Renata Zucchini**

Imagens: **Freepik**

1ª edição, 2020

CIP-BRASIL. CATALOGAÇÃO NA PUBLICAÇÃO
SINDICATO NACIONAL DOS EDITORES DE LIVROS, RJ

V315h

    Vanderkam, Laura
        Home office : como se adaptar sem perder a cabeça nem aquela promoção / Laura Vanderkam ; tradução André Gordirro. - 1. ed. - Rio de Janeiro : Principium, 2020.
        190 p. ; 21 cm.

        Tradução de : The new corner office : how the most successful people work from home
        ISBN 978-65-86047-46-2

        1. Escritórios domésticos. 2. Teletrabalho. 3. Trabalho à domicílio. 4. Desenvolvimento organizacional. 5. Planejamento estratégico. I. Gordirro, André. II. Título.

20-67958
        CDD: 331.25
        CDU: 334.711

Camila Donis Hartmann - Bibliotecária - CRB-7/6472

Rua Marquês de Pombal, 25 — 20230-240 — Rio de Janeiro — RJ

www.globolivros.com.br

Laura Vanderkam

HOME OFFICE

Como se adaptar sem perder a cabeça nem aquela promoção

TRADUÇÃO: ANDRÉ GORDIRRO

principium

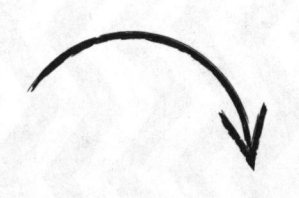

INTRO-
DUÇÃO

Na quinta-feira, 12 de março de 2020, meu filho de doze anos se levantou às 6h45 para se preparar para o ensaio do coral às 7h20. Meu marido se arrumou para o trabalho, levou nosso filho para a escola e, depois, pegou um trem. Li na varanda por alguns minutos antes de supervisionar as rotinas matinais dos nossos outros quatro filhos. Por volta das nove horas, com todos na escola ou nas mãos competentes da babá, me acomodei no home office como sempre faço — um bom ponto em um dos cantos da minha casa no leste da Pensilvânia, de onde posso observar pela janela as forsítias florescendo. Trabalhei em meus projetos de podcast e escrita, mas as notícias estavam se tornando sombrias rapidamente. Casos do novo coronavírus, que andava aparecendo nas manchetes, estavam surgindo nos Estados Unidos. Naquela tarde, o governador mandou fechar as escolas pelo que viria a ser o resto do semestre. Quando meu marido desceu do trem voltando para casa naquele dia, ele, como milhões de pessoas, havia se tornado um trabalhador virtual em tempo integral como eu, mudando de uma firma no centro para um novo escritório — o dele próprio, no canto da casa oposto ao do meu.

Eu ganho a vida estudando o tempo. Em tempos normais, meu negócio envolve falar para plateias corporativas ou em conferências a respeito de produtividade e escrever livros com base em análises de milhares de registros temporais. Eu sei, por meio do estudo desses registros nos últimos doze anos, que trabalhar em casa se tornou algo mais comum. Isso é válido tanto para funcionários de empresas como para autônomos. Um estudo da FlexJobs e da Global Workplace Analytics descobriu um aumento de 159% no trabalho remoto de 2005 a 2017, embora essas estatísticas sejam difíceis de avaliar, dados seus limites imprecisos.[1] Qualquer pessoa que verifica o e-mail de trabalho na cama às 22 horas está, tecnicamente, trabalhando em casa, mesmo que não defina essa atividade dessa forma.

Porém, antes de março de 2020, trabalhar de casa durante o horário comercial ainda era visto como uma escolha questionável para qualquer pessoa com grandes ambições. Os privilégios corporativos de trabalhar em home office eram dados principalmente como um benefício de um dia por semana para pessoas que precisavam de mais equilíbrio entre trabalho e vida pessoal e que provaram ser confiáveis. Mesmo assim, essa concessão era geralmente reservada para as sextas-feiras. Todo mundo sabe que a sexta-feira é o dia menos produtivo da semana. A suposição era que quem trabalhava em home office não estava *trabalhando* de fato, então era melhor minimizar o custo de oportunidade. Claro, as videoconferências haviam se tornado bem mais dinâmicas quando comparadas com os *webinars* desajeitados do passado. As empresas ocasionalmente la-

mentavam os custos ambientais de deslocamento para o trabalho (logo antes de enviar os CEOs para Davos em um jato particular). Ainda assim, com muitos gerentes presumindo que o trabalho precisava acontecer em horários definidos dentro de um prédio comercial — com a temperatura fixa em gélidos vinte graus —, milhões de pessoas encaravam o trânsito apenas para enviar e-mails e ligar para outras pessoas em outros lugares. Eu me lembro de uma conversa com um líder empresarial que estava estudando o trabalho remoto como uma tendência da qual sua empresa precisava estar ciente — "mas", observou ele, "nunca funcionaria para nós".

Então, a pandemia de Covid-19 varreu os Estados Unidos e a Europa. Em questão de dias, as pessoas descobriram que empresas inteiras podiam operar remotamente (incluindo a daquele líder empresarial). As pesquisas da Gallup levantaram que, de 13 a 15 de março de 2020, apenas 31% dos trabalhadores dos EUA já haviam trabalhado remotamente antes; de 30 de março a 2 de abril de 2020, esse número havia dobrado para 62%.[2]

Forçadas a se virar, as pessoas descobriram que era possível, de fato, apresentar um projeto de um milhão de dólares para um cliente via Zoom. Muitas consultas de rotina podiam ser tratadas por telemedicina, o que provocou o questionamento sobre o motivo de as pessoas perderem horas sentadas em salas de espera cheias de germes. Era possível trabalhar de forma próxima — rindo, compartilhando momentos — com gente que não estava no mesmo estado. Pessoas que faziam malabarismos para coordenar trabalho com acompanhamento escolar ou cuidado dos filhos perceberam que, embora não fosse fácil de forma alguma, com um planejamento cuidadoso, era possível trabalhar em horários variados e ainda assim realizar o serviço. Se uma proposta não puder ser redigida na terça-feira às dez horas da manhã, talvez possa ser escrita na terça-feira às dezoito horas e apresentada enquanto seu parceiro o cobre no cuidado com as crianças, e o fechamento do negócio pode ser brindado durante a hora da soneca dos pequenos.

> CONFORME O COTIDIANO VOLTA LENTAMENTE AO NORMAL, POUCOS PODEM ARGUMENTAR QUE O TRABALHO REMOTO E FLEXÍVEL "NUNCA FUNCIONARIA PARA NÓS". FUNCIONOU. E MUITO BEM.

As pessoas sempre retomam os velhos hábitos. A primeira ida pós-quarentena a um café é uma celebração da interação humana. Na segunda, as pessoas já evitam o contato olho no olho com o barista, como de costume. Mas algumas coisas realmente mudam. Talvez você esteja entre os milhões que trabalharam em home office pela primeira vez durante a pandemia de Covid-19. Talvez você não consiga se imaginar voltando a usar o carro para desperdiçar dez horas por semana no deslocamento para o trabalho. Talvez você costumasse passar os dias úteis visitando os escritórios dos clientes, mas, agora, seus clientes também não querem enfrentar o trânsito. Em abril de 2020, a Gallup descobriu que 59% das pessoas que trabalharam em home office durante a pandemia queriam continuar assim depois que tudo voltasse ao normal.[3] Talvez você queira explorar novas formas de trabalhar — formas mais autodirecionadas em que o local e os horários são menos definidos do que antes.

>>> NESSE CASO, ESTE LIVRO É PARA VOCÊ. <<<

Esta obra também é para você que dirige a própria pequena empresa (como eu) ou gerencia há anos uma equipe. É para qualquer pessoa que queira aproveitar a oportunidade que uma grande reviravolta proporciona para repensar o tempo e a vida. Tendo visto o que é possível, os líderes mais inteligentes estão reconhecendo que estruturar o trabalho para ser mais flexível em termos de tempo e lugar *não é* uma questão de equilíbrio entre trabalho e vida pessoal. Os profissionais mais experientes reconhecem que estilos remotos e flexíveis de trabalho podem ser enormes vantagens estratégicas para aqueles ousados o suficiente para aproveitá-los. As empresas se tornam mais ágeis; as pessoas ficam mais felizes e saudáveis. Trabalhar cara a cara é ótimo, mas, como tudo na vida, há um ponto de rendimentos decrescentes. Para muitos tipos de trabalho, esse ponto está bem abaixo da expectativa anterior de quarenta horas semanais fixas dentro de uma empresa. No novo modelo de escritório, os resultados importam mais do que onde e quando o trabalho acontece.

Este livro compartilha estratégias de pessoas muito bem-sucedidas que estão prosperando neste novo mundo. Vamos falar sobre:

GERENCIAR A ROTINA POR TAREFA, NÃO POR TEMPO.

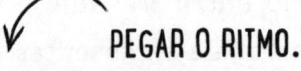

O tempo é um conceito incrivelmente útil, mas estruturar o trabalho de outra maneira permite avanços em eficiência.

PEGAR O RITMO.

Um dia de trabalho bem planejado garante um progresso desafiador, mas sustentável.

MONTAR A EQUIPE CERTA.

Funcionários remotos experientes podem criar uma rede mais eficaz do que aqueles sentados na mesma mesa de escritório cinco dias por semana.

PENSAR GRANDE.

Não há contradição entre trabalho remoto/flexível e nutrir suas ambições de carreira de longo prazo.

OTIMIZAR O BEM-ESTAR.

Trabalhar em home office pelo menos alguns dias por semana pode ajudar as pessoas a manterem a energia necessária para terem sucesso em um mundo competitivo.

Cada seção contém dicas práticas que você pode experimentar hoje mesmo. Terei realizado meu trabalho se, pelo menos algumas vezes, você disser: "Eu não tinha pensado nisso por esse ponto de vista antes!". Meu objetivo é motivá-lo a assumir o controle da sua jornada de trabalho e da sua vida profissional e obter resultados que não seriam possíveis nas antigas configurações.

Em minhas conversas com pessoas altamente produtivas, aprendi que aqueles que parecem fabricar tempo não têm noções rígidas de como as 168 horas de uma semana devem ser usadas. Eles planejam os dias de trabalho para realizar as tarefas mais importantes quando estão mais bem-dispostos. Eles se encontram com os cônjuges para almoçar às terças-feiras. Convidam ex--colegas para correr às seis da manhã e acabam traçando novos planos de negócios enquanto fazem exercícios. Vão para casa (ou saem do home office) à noite para o jantar em família e às vezes trabalham mais construindo impérios à noite, depois que as crianças vão dormir. Eles trabalham em lugares diferentes, mas se trata tanto de obter novas ideias e gerenciar energia quanto de quaisquer noções tradicionais de equilíbrio.

Às vezes, os empregos dessas pessoas são inerentemente flexíveis. Se você é o mandachuva, aquela reunião acontecerá quando você quiser. Outras vezes, as pessoas simplesmente trabalham como desejam, achando que é mais fácil pedir perdão do que permissão.

Agora, com mudanças radicais para todos os lados, muito mais pessoas foram incentivadas a trabalhar de outra forma. Isso não é fácil. Existem muitos desafios em trabalhar em home office, os quais este livro vai descrever. Não, não vou repetir as mesmas suposições de sempre. Profissionais de alto desempenho não costumam assistir à Netflix o dia todo só porque podem. Um problema maior é se as pessoas não sabem quando parar de trabalhar, ou se travam e não sabem o que fazer sem o chefe por perto, ou se os gerentes estabelecem metas pouco definidas. A indepedência decisória necessária para o trabalho remoto é difícil, quer você trabalhe para outra pessoa ou para si mesmo. Mas o sucesso é possível tendo em mente dois princípios aos quais retornaremos com frequência neste livro.

Primeiro: **TRABALHAR EM HOME OFFICE É UMA HABILIDADE**. As pessoas podem aprender a trabalhar em home office da mesma forma que aprendem a falar francês ou a jogar basquete. É reconfortante perceber que, como acontece com a maioria das habilidades, as pessoas fazem uma porcaria de serviço no primeiro dia. O início de 2020 proporcionou um curso intensivo e muitas reuniões ruins via Zoom com pessoas falando ao mesmo tempo. No modo de crise, muitas pessoas usaram a tecnologia moderna para reproduzir o que puderam dos ambientes de trabalho que deixaram para trás durante aquela semana sombria em meados de março. Isso faz sentido e também é esclarecedor (tanta coisa *podia* ser replicada!).

No momento seguinte, no entanto, está o desejo de abraçar o segundo princípio: **INOVE, NÃO REPRODUZA**. Este livro é um manual para avançar para esse estágio mais maduro — do trabalho remoto de 12 de março para uma visão mais ponderada do que ele pode ser. O trabalho remoto não precisa ser apenas um quebra-galho, um modo de espera enquanto se conta os dias até que todos estejam de volta ao escritório. Combinado com o trabalho presencial, ele pode ser uma vantagem estratégica. No novo modelo de escritório, as ideias são mais importantes do que nunca. Mas e os sapatos? Esses são opcionais. Este livro fala sobre como pessoas bem-sucedidas prosperam trabalhando em home office — e como, com os conselhos delas, você também pode prosperar.

Capítulo 1

GERENCIE SUA ROTINA POR TAREFA, NÃO POR TEMPO

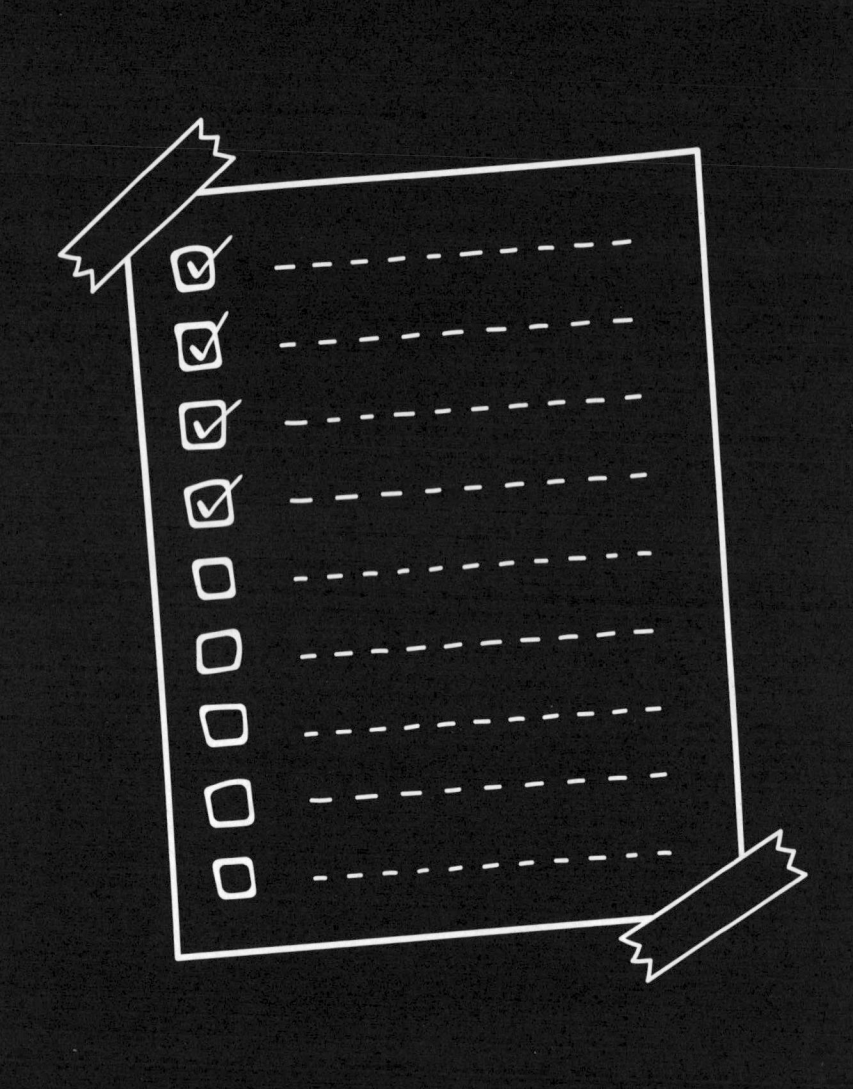

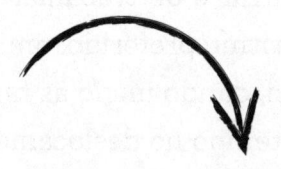

Em 2008, quando Meredith Monday Schwartz assumiu a Here Comes the Guide, esta empresa da Califórnia que ajuda casais a encontrarem o local perfeito para seu casamento tinha uma sede física. Mas Schwartz, que trabalhava lá desde 1997, ganhou um cachorrinho. Ela trabalhava de casa havia algumas semanas para cuidar dele quando teve uma revelação. "Eu estava produzindo muito mais", diz a executiva, mesmo lidando com o cachorrinho e os três filhos que moravam com ela na época. "Parecia muito mais orgânico trabalhar dessa forma." Schwartz curtia a capacidade de se concentrar e de trabalhar no que ela descobriu ser seu ritmo preferido: uma hora logo no início da manhã, dando início às tarefas familiares sem perder tempo no deslocamento para o trabalho, e depois alternando blocos interativos com tarefas que requeriam maior concentração. Ela suspeitava de que seus funcionários também poderiam ser mais felizes e produtivos trabalhando em home office.

Assim, durante sua gestão como CEO, a empresa fez uma "longa marcha" em direção ao trabalho remoto. As pessoas passaram a trabalhar em home office um dia por semana, depois, dois. Alguns funcionários se mudaram para outras cidades, mas permaneceram empregados. Em novembro de 2016, Schwartz apagou pela última vez as luzes do escritório físico em Berkeley.

A equipe (atualmente composta de 24 pessoas) se reúne duas vezes por ano para retiros, mas quase todo o trabalho cotidiano de entrar em contato com as casas de festa e gerar conteúdo é feito virtualmente. Então, Schwartz, que agora mora em Austin, teve que pensar em como fazer a empresa crescer sem as habituais garantias visuais e temporais — por exemplo, fileiras de pessoas com cara de ocupadas sentadas em mesas das nove às dezoito horas — de que um ótimo trabalho está sendo feito.

"Eu administro mais a tarefa do que o tempo", diz ela. "Estou constantemente perguntando: 'Qual é o resultado que estamos procurando aqui?'. Eu faço essa pergunta um milhão de vezes por dia. É a minha bússola. Eu me pergunto também: 'Que tarefa quero ter certeza de que meus funcionários estão executando? Que resultado procuro com esse serviço? Como poderemos ser bem-sucedidos?'. Não quero que eles trabalhem como robôs por oito horas apenas para cumprir o que está no contrato de trabalho." Essa questão é especialmente real hoje em dia, uma vez que o setor de casamentos enfrenta uma crise devido às muitas festas canceladas, o que torna a ideia de fazer visitas rotineiras a possíveis clientes durante oito horas por dia não apenas inútil, mas também desagradável.

Schwartz considera que sua função é garantir que todos conheçam o motivo por trás de seu serviço, para que saibam que, em uma economia desanimadora, ser bem-sucedido é construir relacionamentos com parceiros em um momento de baixa que durarão até que o setor tenha condições sanitárias de se aquecer novamente. Ela ajuda as pessoas a definirem suas metas diárias para entrar em contato com as casas de festa e encontrar maneiras de prestar serviços — o que pode significar oferecer um ouvido solidário ao proprietário de um local preocupado com a demissão de funcionários. "É muito assustador", diz Schwartz. "A única coisa que podemos controlar é o nível de conexão que temos com as pessoas." No fim de cada dia, os funcionários relatam as tarefas que realizaram em função da meta geral. Sentar-se em uma mesa por oito horas não entra nessa equação, embora seja bastante claro que Schwartz estava certa a respeito de trabalhar em home office: **FUNCIONÁRIOS QUE RECEBEM AUTONOMIA E SE RESPONSABILIZAM MUTUAMENTE MARCHAM ALEGREMENTE EM DIREÇÃO AOS SEUS OBJETIVOS.** Em dias de sol, a marcha é rápida. Em dias de tempestade, é mais lenta — mas as pessoas continuam marchando. A rotatividade de pessoal na Here Comes the Guide é quase zero.

Acho que Schwartz está no caminho certo com seu foco nas tarefas, não no tempo — uma ideia que é transformadora tanto para gerenciar outras pessoas como para gerenciar nosso próprio trabalho diário. Fico intrigada com essas diferentes maneiras de gerenciar as tarefas cotidianas desde que comecei a trabalhar em meu primeiro "escritório" — um lado da mesa da cozinha em um minúsculo apartamento em Nova York, sem lava-louças ou armário no quarto. Eu havia me mudado para o Upper East Side no fim de 2002 com a vaga esperança de conseguir algum tipo de emprego em um jornal ou uma revista. Nesse ínterim, comecei a trabalhar como freelancer. Embora eu não sentisse saudade do meu antigo deslocamento de uma hora para o trabalho, esse súbito tempo vago que eu tinha disponível foi desorientador. Aceitei um emprego de meio período para usufuir da estrutura oferecida pelo escritório, e aí provei ser completamente horrível naquele trabalho. Assim, tive que descobrir como fazer meus próprios horários. Conforme passei a estudar meu tempo, comecei a estudar o tempo de outras pessoas. O fascínio se transformou, nas décadas seguintes, na minha vocação.

O tempo é um conceito extremamente útil. Vivemos a vida em horas.

Qualquer coisa que fizermos com a vida dependerá de como passamos as horas. Existe uma correlação forte entre o tempo investido em alguma coisa e o quanto realizamos.

No entanto, o tempo não é o único marcador de produtividade. E, infelizmente, quando se começa a estudar como funcionam até mesmo locais de trabalho aparentemente progressistas e como muitas pessoas medem a própria produtividade, vê-se que muito trabalho ainda é gerenciado principalmente levando o tempo com consideração. Isso é verdade tanto de maneiras óbvias (horas faturáveis) quanto de maneiras menos óbvias (ganhar pontos por responder a e-mails instantaneamente). Isso é uma grande perda de tempo, dinheiro e muito mais.

Por exemplo, por que todas as reuniões têm trinta ou sessenta minutos de duração? Será que todas as reuniões humanas realizam seus propósitos em blocos precisos de meia hora e uma hora de duração? Claro que não. Mas, para a grande maioria das reuniões, as pessoas não planejam agendas eficazes, levando em consideração a energia e atenção de todos os presentes. Assim, elas escolhem uma agenda-padrão e a gerenciam de acordo com o tempo. Em empresas com fortes culturas face a face, alguém que saia para uma caminhada de trinta minutos no meio do dia parece pouco ambicioso, embora haja boas evidências de que a caminhada permite uma tarde mais produtiva do que excluir e-mails por uma quantidade equivalente de tempo. Mesmo aqueles de nós que trabalham por conta própria podem cair nessa armadilha. Será que estou sentado à mesa porque estou dando passos em direção aos meus objetivos profissionais ou estou sentado aqui porque é isso que as pessoas responsáveis fazem às dezesseis horas? É fácil preencher o tempo se pensarmos apenas que deveríamos estar preenchendo o tempo.

ALCANÇAR AS INOVAÇÕES POSSÍVEIS NESSE NOVO MODELO DE ESCRITÓRIO SIGNIFICA QUEBRAR ESSE HÁBITO, tanto na forma de gerenciar os outros como na própria gestão individual. Como as empresas foram forçadas a tentar o trabalho remoto, a tendência inicial é sempre reproduzir o que havia antes. Mas, desde que as pessoas não precisem legalmente ser pagas por hora registrada, esse foco no tempo — a ideia de que um dia útil é um determinado número de horas, e não o cumprimento das etapas prescritas para atender às suas metas ou às da empresa — é uma oportunidade perdida. Como Schwartz descobriu, gerenciar com foco nas tarefas e nas respectivas realizações permite que as pessoas obtenham os benefícios da eficiência e trabalhem da maneira que beneficie mais a sua produtividade. É um desafio. "Não há dúvida de que existe um processo de aprendizagem", diz Schwartz. "Estou melhor nisso agora do que quando começamos." Ela optou por esse método, enquanto a maior parte das pessoas foi obrigada pela Covid-19. É preciso se planejar mais, o que inclui levar em conta tarefas em aberto sobre as quais você e seus colegas gostariam de pensar a respeito. Mas administrar a si mesmo e aos outros dessa maneira, em última análise, dá às pessoas a satisfação que vem com o progresso. Você não apenas dedicou horas, mas também dedicou um bom dia a um único propósito, o que tende a motivar as pessoas a fazerem mais.

Veja a seguir como planejar as semanas e os dias e repensar seu gasto de horas de trabalho enquanto realiza a mudança para se concentrar nos resultados.

FAÇA O SEU PLANEJAMENTO ÀS SEXTAS-FEIRAS

Qualquer pessoa que trabalhe em home office precisa ter independência decisória. Embora isso certamente sirva para quem estiver trabalhando para si mesmo, serve também para quem estiver trabalhando para outra pessoa. Você não está tão sujeito assim às normas visíveis do grupo. Em grande parte, terá que se gerenciar. E se você está se organizando de acordo com cada tarefa, e não pelo tempo, isso significa que precisa ser claro em relação a quais tarefas deve realizar. Essa direção exige que você saia do próprio fluxo de trabalho por alguns minutos e pergunte o que deve fazer com o tempo e a atenção. Que tarefas você precisa fazer imediatamente e que passos deve dar para alcançar seus objetivos maiores? Falaremos sobre como definir essas metas maiores posteriormente neste livro, mas esta seção enfoca a questão de como descobrir quais tarefas, em qualquer dia útil, você deve fazer.

A chave é criar um horário de planejamento semanal determinado. Vivemos nossa vida em semanas, não em dias, e essa visão um pouco mais ampla do tempo permite que você gerencie tarefas pessoais e profissionais com uma sensação de abundância.

> VOCÊ NÃO TEM QUE FAZER TUDO O QUE IMPORTA AMANHÃ. ESSE HORÁRIO SEMANAL DETERMINADO PERMITE QUE VOCÊ FAÇA UMA PAUSA, REFLITA E PERGUNTE COMO GOSTARIA DE PASSAR AS PRÓXIMAS 168 HORAS. O IDEAL É QUE VOCÊ PLANEJE SUAS SEMANAS ANTES DE ENTRAR NELAS — É POR ISSO QUE AS PLANEJO ÀS SEXTAS-FEIRAS.

Desde que criei esse hábito, há alguns anos, me tornei uma pregadora do planejamento de sexta-feira. Claro, qualquer horário dedicado ao planejamento semanal pode funcionar — domingo à noite e segunda de manhã são outras opções populares —, mas sexta-feira à tarde, em especial, tem a vantagem de ser um horário de baixo custo de oportunidade (você não está fazendo muita coisa); é durante o horário comercial, de maneira que você pode entrar em contato com as pessoas e preservar o fim de semana, e permite que você chegue à segunda-feira pronto para a luta, em vez de tentar planejá-la na correria do próprio dia de manhã.

FUNCIONA ASSIM: nas tardes de sexta-feira, reserve alguns minutos para pensar na semana seguinte. Faça uma lista das principais prioridades para a semana. Gosto de usar três categorias: carreira, relacionamentos e "eu". Algumas tarefas já estarão na agenda, por conta de planos que você fez no passado. Outras serão coisas que você gostaria de fazer à medida que caminha em direção aos objetivos de longo prazo. Descubra quando essas tarefas podem acontecer e qualquer logística necessária para tornar essas atividades possíveis. Se estiver gerenciando funcionários, pode verificar as metas de trabalho deles para a próxima semana e dar qualquer orientação apropriada. Se estiver se reportando a alguém, pode aumentar as chances de ser gerenciado por tarefas, não por tempo, definindo e compartilhando metas realistas, porém desafiadoras e significativas, que fariam qualquer supervisor sensato dizer: "Sim, seria uma semana incrível se resolvêssemos todos esses pontos".

Sexta-feira também é um ótimo momento para olhar o que já está na agenda da próxima semana e perguntar se tudo aquilo precisa mesmo acontecer. Talvez algumas coisas possam ser canceladas, minimizadas ou delegadas. Não pule essa etapa, especialmente se você estiver ocupado. Em poucos minutos, pode conseguir mais horas para si.

Depois de criar um planejamento preliminar para a semana, reveja a programação todas as noites para pensar a respeito do dia seguinte. O que você ainda precisa realizar? Observe tudo o que deve acontecer em um horário específico (*calls*/reuniões) e tudo o mais que deve ser feito até o fim do dia. Isso pode ajudar quando você começar a fazer as listas de tarefas diárias.

COMO FAZER UMA LISTA DE TAREFAS DIÁRIAS

Há muitos anos, vi um anúncio de um *planner* que trazia a suposta lista de tarefas diárias de um usuário. Ele não só estava planejando correr uma maratona, como viajaria para todos os continentes, terminaria uma dissertação e faria um *cookie* de chocolate perfeito. Era algo curioso para uma lista diária, visto que essas atividades levariam mais de 24 horas — mas esse pecado de impossibilidade é surpreendentemente comum.

"Sempre tenho grandes sonhos para o dia em que estou fazendo minha lista", confessa Anne Bogel, fundadora do popular podcast *What Should I Read Next?* e do site e clube do livro *Modern Mrs. Darcy*. "Meus olhos são maiores que o estômago. Minha tendência natural é fazer uma lista de desejos, em vez de uma lista de tarefas." Qual é o problema disso? Como afirma a própria Bogel, uma lista de desejos "não é boa para o moral".

Talvez você já tenha vivenciado essa mesma incompatibilidade entre as ambições da manhã e a realidade da noite. Com o tempo, Bogel, que lidera uma equipe remota de doze pessoas, aprendeu que uma lista de tarefas factíveis é curta. Ela geralmente tem três grandes prioridades e um grande projeto em andamento no qual se concentra por seis a oito semanas. "Eu a vejo como uma roda-gigante com três coisas no topo", diz Bogel.

Eu acho que essa meta de três a cinco coisas é inteligente e gosto da analogia da roda-gigante porque responde a uma reclamação comum sobre listas curtas de tarefas: "Eu tenho mais de três coisas acontecendo na minha vida!". Claro que tem. Mas você escolhe algumas coisas a cada dia, continua girando a roda-gigante e, com o tempo, chega a fazer tudo. Se você pretende colocar tudo no topo da roda-gigante ao mesmo tempo, ninguém vai querer brincar nela.

O IDEAL É QUE SUA LISTA DE TAREFAS SEJA CURTA O SUFICIENTE PARA SE TORNAR UM CONTRATO CONSIGO MESMO. Quando um item entra na lista, você garante que o fará até o fim do dia. Dado que a vida nem sempre sai como planejado — digo isso como mãe de cinco filhos —, a lista precisa ser curta. Já completei minhas listas de tarefas diárias em dias em que passei cinco horas no pronto-socorro. Não é porque eu seja super-humana. Não sou. Então crio listas de tarefas que não exigem que eu seja super-humana. Sei que não vou completar uma lista de tarefas de vinte itens. Nem você. Talvez você realize cinco ou oito coisas, mas quais serão elas? As mais importantes? As mais fáceis? Quem sabe?

Ao fazer uma lista diária curta, eu me obrigo a priorizar. (Qualquer outra coisa que me ocorrer pode ser atribuída a uma data futura conforme a roda-gigante gira ou pode ir para o que o guru da produtividade David Allen chama de lista "algum dia/talvez".) Também aprendi, por meio de experiências difíceis, que não há nenhuma virtude em colocar alguma coisa em uma lista de tarefas e não fazê-la. Não só ela será um item não realizado como se jamais tivesse entrado na lista, para início de conversa, como a tarefa passará a estar lá, zombando de mim, totalmente irrealizável.

> UMA LISTA DE TAREFAS DIÁRIAS BEM EDITADA TAMBÉM TEM UMA VIRTUDE DISTINTA PARA QUEM TRABALHA EM HOME OFFICE: PERMITE QUE VOCÊ SAIBA QUANDO O DIA DE TRABALHO PODE *TERMINAR*.

Quando seu trabalho envolve se reportar a um escritório por oito horas, você sabe quando o dia acaba: quando são dezoito horas. Quando você não tem tanto controle sobre o tempo e a localização, pode ser mais difícil discernir. Isso nos traz de volta à ideia de gerenciamento por tarefa, não por tempo. O dia termina quando eu termino minha lista de tarefas diárias. Posso fazer mais, se quiser. Mas não *preciso*. Se escolhi bem a minha lista curta, foi um bom dia, mesmo que sejam apenas 11h30.

Sendo sincera, raramente o dia acaba às 11h30. Isso porque entram novos itens que precisam ser resolvidos e porque, ao longo dos anos, passei a estimar melhor quantas tarefas preencherão as 35-40 horas que pretendo trabalhar a cada semana. Você pode tentar colocar estimativas de tempo nas listas de tarefas diárias. Bogel deixa um horário livre no dia como parte da lista, porque as atividades tendem a consumir mais tempo que o planejado e, se não houver tempo suficiente, a atividade não será concluída ou atrapalhará outra coisa. "Não posso criar outra hora", diz ela. "Minha tendência natural é apenas fazer o que der e torcer pelo melhor, mas isso não é uma estratégia."

Deixo um espaço aberto porque surgem coisas — coisas boas e coisas ruins, com uma mistura igual das duas. Também gosto do meu trabalho o suficiente para, quando termino mais cedo, passar mais tempo pensando em projetos ou adiantando a lista do dia seguinte. Se você está gerenciando outra pessoa, a ideia de que ela possa terminar as tarefas do dia às 11h30 pode ser desconcertante. E como fica o custo de oportunidade?

MAS, NOVAMENTE, DEVEMOS ENTOAR O MANTRA: GERENCIE A ROTINA POR TAREFA, NÃO POR TEMPO. Fazendo direito, você obterá um serviço muito mais produtivo de pessoas com listas de tarefas diárias curtas e bem planejadas do que exigindo que elas fiquem em uma cadeira por oito horas. As pessoas podem certamente desperdiçar oito horas por dia, apesar de estarem sentadas em seu escritório, quando suas tarefas não são bem pensadas. Quando não se tem certeza de que as pessoas estão sentadas ali por oito horas por dia, você tem que ser mais meticuloso. Também precisa se comunicar bem para ter certeza de que as atribuições das pessoas estão levando um tempo apropriado (uma jornada de trabalho de uma hora pode deixar as pessoas entediadas; uma jornada de treze horas pode esgotá-las). Você tem que gerenciar ativamente, o que não é ruim. Uma pesquisa realizada pela Gallup, em janeiro de 2020, sobre trabalho remoto descobriu que as pessoas que trabalham fora de suas empresas entre 60% e 80% do tempo são mais propensas a se sentir envolvidas e a achar que há alguém cuidando de seu desenvolvimento. Suspeito de que uma das razões para isso seja que o trabalho remoto requer pensar ativamente a respeito dessas coisas.[1]

MAS NÃO SE PREOCUPE. VOCÊ NÃO PRECISA MICROGERENCIAR. Os integrantes da equipe podem e devem propor as próprias listas de tarefas, e funcionários engajados naturalmente vão colocar ideias em suas listas, como pensar em cenários hipotéticos ("O que faremos se todo o

nosso escritório precisar se tornar virtual por causa da pandemia?"). Eles naturalmente vão propor pensar em clientes e projetos em potencial. Algumas sugestões para tarefas especulativas: o que nossos concorrentes estão fazendo realmente bem agora? O que faríamos se nosso orçamento dobrasse? Ou se fosse reduzido em 50%? Se esse projeto fracassasse espetacularmente, qual seria o motivo mais provável? Se tudo correr bem, o que devemos apresentar como trabalho subsequente?

Em equipes menores, você pode compartilhar casualmente suas listas de tarefas a cada dia. Os times maiores podem acompanhar melhor o trabalho em aplicativos de gerenciamento de projetos, para que todos saibam quem está fazendo o que e quem está esperando o quê. E então todos vocês podem experimentar a satisfação de olhar para uma lista de tarefas em que tudo está riscado. **DIA A DIA, SEMANA A SEMANA, ISSO CRIA UM PROGRESSO SUSTENTÁVEL.** E como os pesquisadores Teresa Amabile e Steven J. Kramer escreveram em um artigo publicado na *Harvard Business Review* sobre sua análise de milhares de agendas de trabalhadores do conhecimento:

"De todas as coisas que podem aumentar as emoções, a motivação e as percepções durante um dia de trabalho, a única mais importante é progredir em um trabalho significativo.[2] E quanto mais frequentemente as pessoas vivenciam essa sensação de progresso, maior a probabilidade de serem criativamente produtivas em longo prazo." Eles chamam isso de "poder das pequenas vitórias", e quando você gerencia a sua rotina por tarefa, é exatamente o que obtém.

REPENSE AS REUNIÕES

Qualquer pessoa que tente administrar sua rotina por tarefa, não por tempo, deve repensar como fazer reuniões.

O conceito fundamental de uma reunião é sólido. Você reúne pessoas — presencial ou virtualmente — em um horário determinado para tomar uma decisão. Se você faz parte do raro tipo de empresa que nunca tem reuniões (alguns consultórios médicos ou negócios centrados em um único indivíduo criativo são assim), pode experimentar grandes ganhos indo de zero a uma.

Anne Bogel relata que é muito resistente a reuniões: "Não gosto de agendá-las. Não gosto de ter reuniões. Não acho que sejam o melhor uso do tempo de ninguém". Conforme a equipe dela cresceu e chegou a uma dúzia de pessoas, no entanto, Bogel percebeu que, embora todos falassem com ela, eles não falavam necessariamente uns com os outros. As pessoas não sabiam o que as outras estavam fazendo. "Estávamos perdendo oportunidades de promoção cruzada", explica Bogel. E então, mesmo contra a própria vontade, ela instituiu um check-in pós-almoço de trinta minutos a cada semana.

Se ir de zero a uma pode ser útil, entretanto, passar de uma a vinte e cinco reuniões por semana é bem menos útil. As reuniões se proliferam além do ponto de utilidade porque as pessoas persistem em administrar sua rotina de acordo com o tempo, não com as tarefas. As pessoas se reúnem simplesmente porque estão condicionadas a se sentarem ao redor de uma mesa sempre às dez da manhã de terça-feira. As pessoas se reúnem por uma hora porque instiuiu-se que essa é a duração de uma reunião. Não está claro qual é a sua função específica nessa reunião, mas você vai porque a reunião está acontecendo e seu empregador tem direito ao seu tempo na terça-feira às dez da manhã. Quando a agenda de todos está lotada de reuniões, elas determinam um custo secundário: as pessoas não acham que podem falar com colegas ou clientes sem uma reunião agendada e, uma vez que essas reuniões não podem ser agendadas até um futuro distante (porque as agendas das pessoas estão lotadas com outras reuniões), o trabalho fica consideravelmente lento. Isso se encaixa muito na realidade do trabalho virtual, pois, embora você possa esbarrar no elevador do trabalho com aquele colega com o qual está tentando entrar em contato e, assim, passar por cima dos canais formais, isso não acontecerá em seu home office.

FELIZMENTE, O TRABALHO VIRTUAL APRESENTA UMA OPORTUNIDADE PARA INOVAR, NÃO PARA REPRODUZIR VELHOS HÁBITOS. Teoricamente, reuniões virtuais já deveriam ser mais eficientes, uma vez que você não precisa se deslocar para esses encontros. Também ouvi a observação mais cínica de que, se uma reunião vai ser inútil, uma *call* pelo menos permite que você realize várias tarefas durante a conversa (veremos mais sobre esse tema na próxima seção). Mas, em vez de apenas converter todas as suas reuniões pessoais em *calls* e usar o tempo extra para mais reuniões como uma oferenda no altar da colaboração, realmente pense no que é de fato necessário.

Dominic Benford é um astrofísico que trabalha para a Nasa. Ele conta que, quando a maior parte da agência espacial se tornou virtual, em março de 2020, eles converteram "todos os tipos de reuniões em virtuais, mas descobrimos, em duas semanas, que tínhamos reuniões demais. Estávamos adicionando em nossas agendas reuniões de uma hora que eram basicamente apenas para constar". A equipe começou a exigir que as pautas fossem enviadas com antecedência. Eles também descobriram que as estruturas construídas em torno da colaboração presencial nem sempre eram ideais para reuniões virtuais. Por exemplo, painéis de revisão científica envolviam trazer cientistas de avião de várias partes do globo. Isolados do mundo, esses especialistas se sentavam em uma sala de conferências debatendo ideias durante dez horas por dia. Benford e seus colegas logo perceberam que dez horas em confinamento não funcionavam quando as pessoas estavam em home office

— sem mencionar que não há um período de dez horas que funcione para um cientista que está em São Francisco e outro que se encontra em Roma. "Um dia inteiro de trabalho nesse tipo de modelo só pode ter, no máximo, cinco horas", diz Benford. Mas como as pessoas não precisavam pegar um avião, o trabalho poderia ser distribuído ao longo dos dias que teriam sido perdidos para os voos e o *jet lag*. A transição foi difícil, mas, como atesta Benford, "suspeito que muitas pessoas achem que esse modelo é preferível".

> TALVEZ VOCÊ POSSA MUDAR SUA CULTURA PARA SER MAIS CRITERIOSO COM OS COMPROMISSOS AGENDADOS. GERENCIAR A ROTINA POR TAREFA, NÃO POR TEMPO, SIGNIFICA PERGUNTAR O SEGUINTE: QUAL É A FORMA MAIS EFICIENTE DE ALCANÇAR O RESULTADO DESEJADO?

Frequentemente, com o trabalho virtual, a resposta para tarefas que envolvem outras pessoas é *simplesmente pegar o telefone e ligar para elas*. Amy Laski, fundadora da Felicity, uma empresa de relações públicas totalmente virtual, com sede em Toronto, relata que sua equipe tem o que ela chama de "compromisso da ligação justa". Isso significa que todos decidem que podem fazer e receber chamadas telefônicas não agendadas em determinados horários. É o equivalente a uma política de portas abertas. Se alguém estiver ao telefone com outra pessoa ou não puder atender, ligará de volta, ou então você pode tentar novamente. "Parece simplista", explica Laski, "mas é uma coisa pequena que faz uma grande diferença, conseguindo em um telefonema de dois minutos o que, de outra forma, exigiria várias trocas de e-mail" — ou uma sessão de Zoom às onze da manhã que interromperá a sua agenda, exigindo que você pare um trabalho importante dez minutos antes, espere que todos se conectem, discutam o que está acontecendo e obtenham a resposta rapidamente mas continuem falando porque foi predeterminado que aquela reunião deveria durar trinta minutos.

E quanto às reuniões que são de fato necessárias? Gerenciar as atividades por tarefa, não por tempo, significa focar os resultados. Tenha um propósito: o que mudará no mundo como resultado dessa reunião? Se nada vai mudar, pense bem se você precisa mesmo se reunir. Qual é a agenda? Quem precisa estar na reunião ou na *call* para atingir o objetivo? O que todos na reunião ou na *call* farão a cada minuto que estiverem lá? Se a resposta for apenas sentar ali... então você tem uma empresa que está presa na mentalidade de que os funcionários devem horas a você. O tempo e a atenção de seus funcionários são recursos valiosos. Dirigidos da maneira certa, podem alcançar grandes feitos. O direcionamento incorreto representa um enorme custo de oportunidade. Ao fim de cada reunião ou *call*, reflita se aquele encontro alcançou seu objetivo. Em caso negativo, por que não? O que poderia ser melhorado?

O planejamento desse tipo de reunião exige mais esforço. Na verdade, não é possível ter muitas reuniões a menos que haja um líder de equipe garantindo em tempo integral que essas reuniões sejam meticulosamente planejadas. Para aqueles de nós que não atingiram esse nível, esse freio natural nas reuniões não é uma coisa ruim. A recompensa de ter apenas reuniões bem planejadas é enorme. Benford relata que, agora que mais reuniões regulares têm uma pauta previamente enviada a todos os participantes, "estamos encerrando mais reuniões mais cedo do que o normal. Quando terminamos, sentimos que realmente resolvemos a questão. A pandemia nos forçou a tomar esse tipo de atitude, mas acho que esse novo normal será, em última análise, mais eficaz para todos nós".

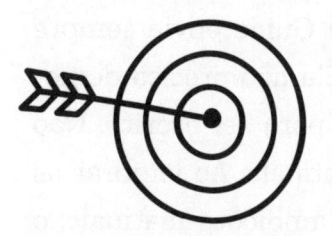

FOQUE OS RESULTADOS

Quando você gerencia a si mesmo e aos outros com foco no tempo, a responsabilidade pelo menos parece direta: você cumpriu as horas combinadas? Focar os resultados requer uma mentalidade diferente, embora também não precise ser um processo complicado. Uma abordagem: **NO FIM DE CADA DIA, LISTE O QUE VOCÊ FEZ**. Você pode chamar isso de "lista do que já foi feito". Você pode olhar para a lista de tarefas do dia e ver que tudo está riscado, e isso é ótimo, mas, inevitavelmente, fazemos outras coisas que aparecem no meio do caminho. É gratificante receber crédito por elas também. Então, liste-as ao lado das tarefas do dia (e risque-as — por que não?) ou mantenha um registro delas em outro lugar qualquer.

Esse último formato pode ajudar naqueles dias em que nada parece estar dando certo. Você pode ler o registro e se lembrar de que, sim, é uma pessoa produtiva. **VOCÊ DARÁ CONTA DE TUDO QUE PLANEJOU PARA AQUELE DIA.**

Meredith Monday Schwartz faz com que a equipe da Here Comes the Guide envie sempre um e-mail de fim de dia. "Ele não precisa demorar mais de cinco minutos para ser escrito. Não precisa ser algo árduo", conta ela. Ao lembrar as pessoas a respeito de suas ambições matinais, o e-mail cobra a responsabilidade por fazer o que elas disseram que fariam. Isso a mantém informada sobre o que está acontecendo na empresa e permite que Schwartz identifique os problemas com antecedência.

Embora simples, esse foco constante nos resultados não é automático em um mundo voltado para o tempo. Laski observa que trabalhou muito para encontrar fornecedores que gostassem da ideia de serem pagos por dez acessos de mídia, em vez de dez horas de trabalho. Felicity cobra taxas fixas dos clientes, em vez de taxas calculadas com base em horas faturáveis. Laski descobriu que muitos deles gostam de não pagar por cada serviço, mas, para tornar esse sistema justo para todos, eles têm o cuidado de definir os parâmetros iniciais para o que está e não está ao seu alcance.

COM O TRABALHO REMOTO, GERENTES E INTEGRANTES DE EQUIPES PRECISAM DESCOBRIR O QUE ESTÁ OU NÃO ESTÁ AO SEU ALCANCE. Um dos motivos para as pessoas não administrarem suas rotinas por tarefas é que nem todas acolhem bem a responsabilidade de realizar as coisas que estão ao seu alcance, mesmo que isso signifique tentar maneiras diferentes de resolver um problema. No geral, pode ser mais fácil concordar em caminhar por oito horas, em vez de aceitar caminhar até uma montanha próxima, mas que requer a travessia de um riacho no qual seu chefe não está parado com uma jangada.

Arran Stewart, cofundador do Job.com, um site de empregos que formava equipes antes da pandemia de Covid-19, observa que muitos gerentes encontraram funcionários que "esbarram em um desafio e não conseguem obter uma resposta imediatamente, então ficam sentados esperando falar com alguém para continuar trabalhando". Se você estiver andando pelo escritório, poderá ver isso e intervir. Ou quando você passa pela mesa de alguém a caminho do banheiro e diz "olá", um funcionário pode começar a dar dicas de que algo está errado. Um funcionário remoto pode ter que tomar a atitude de ligar para o chefe pedindo ajuda, o que já é difícil por si só, e em seguida tentar novas abordagens sem orientação imediata ou saber o suficiente sobre o que é importante a ponto de escolher uma tarefa nova e conveniente para fazer enquanto aguarda. "Tudo se resume a diretrizes e rotinas fortes", diz Stewart. "Você tem que oferecer mais amor às pessoas no início." Se não tem certeza de que as pessoas vão ligar relatando um problema, ligue para elas.

Muito incentivo ajuda os trabalhadores remotos mais hesitantes a mudarem a mentalidade de que, enquanto você estiver no escritório, estará em dia com a verdadeira responsabilidade. Esse suporte é certamente preferível à instalação de softwares de monitoramento e outras abordagens preguiçosas de gerenciamento. Os funcionários que sabem que os chefes são obcecados com dedicação de tempo às tarefas podem descobrir maneiras de postar mensagens sugerindo que estão acordando cedo e varando a noite no serviço, enquanto estão procrastinando no meio do caminho. Isso não quer dizer nada, assim como ver alguém atrás de uma mesa, em última análise, também não significa coisa alguma. A produtividade de longas horas, em geral, apresenta resultados modestos. É melhor ajudar as pessoas a descobrirem como se motivar. "Ser capaz de trabalhar de forma independente é uma habilidade de vida", diz James Hickey, diretor de estratégias alternativas da Spearhead Capital, que, de sua casa em Dallas, lidera uma equipe sediada em Boston. "Não estamos mais no jardim de infância, onde todos precisam ser guiados pela mão." Focar o que é realizável, em vez do tempo registrado, equivale a tratar as pessoas como adultos.

REPENSE AS URGÊNCIAS

Há um último aspecto do gerenciamento da rotina por tarefa, não por tempo. Em muitos casos, as pessoas valorizam a velocidade sem pensar no custo de oportunidade nos resultados. Os funcionários presumem que responder instantaneamente a uma mensagem enviada pelo chefe ou ao e-mail de um cliente lhes dá pontos. Assim, ficam conectados constantemente... o que diminui o tempo necessário para pensar.

Quando as pessoas estão trabalhando em home office, a preocupação de que estejam sendo esquecidas por não estarem sendo vistas faz com que algumas exagerem nesse comportamento. E alguns gerentes, preocupados com a possibilidade de as pessoas estarem assistindo à Netflix em vez de trabalhar, mandarão mensagens constantemente. A explicação pode ser que você esteja apenas recriando as conversas casuais do escritório, mas, no plano ideal, o trabalho remoto oferece uma oportunidade para repensar a tirania da urgência.

Poucas pessoas trabalham em fábricas onde a função de um gerente seja gritar "Andem logo com isso!". Qualquer pessoa cujo trabalho possa ser feito remotamente provavelmente está no ramo que oferece soluções para problemas. É obvio que gerentes e clientes adorariam ter a resposta certa instantaneamente, mas eles também preferem ter a resposta certa um pouco depois em vez da resposta errada, ou de uma resposta abaixo da média dada imediatamente. A reflexão cuidadosa não é uma coisa ruim. **ÀS VEZES, SER UM POUCO MENOS RESPONSIVO ABRE ESPAÇO PARA APRESENTAR AS IDEIAS QUE FAZEM AS PESSOAS QUEREREM TRABALHAR COM VOCÊ.**

Portanto, tenha conversas sinceras com clientes e integrantes de sua equipe sobre o que constitui um tempo de resposta apropriado para as coisas. Algumas pessoas gostam de regras definidas — como responder dentro de 24 horas aos e-mails dos colegas, com o entendimento de que o telefone seja usado para algo mais urgente —, mas não precisa haver uma regra definida. Ao estudar sua programação, você verá que convém ser mais responsivo em alguns momentos do que em outros.

Elizabeth Morphis é professora de Pedagogia e ministra as cadeiras de Educação Infantil e Alfabetização em uma faculdade no interior do estado de Nova York. Ela e seus alunos — futuros professores — mudaram para o ensino à distância em março de 2020. Ela começou a enviar aulas e tarefas no domingo e rapidamente aprendeu que "as segundas-feiras parecem ser o dia que muitos dos meus alunos de graduação usam para fazer seus trabalhos". Portanto, Morphis fica disponível no e-mail na segunda-feira de manhã para que possa responder rapidamente assim que as dúvidas são enviadas. Em vez de transformar isso em um gargalo, ela utiliza as segundas-feiras para corrigir provas e trabalhos e planejar aulas enquanto espera as mensagens dos alunos. Como não precisa ser tão imediatamente responsiva no fim da semana, ela programa outras atividades para esses dias.

> AO DISCUTIR O FLUXO DE TRABALHO COM A EQUIPE, COMPARTILHE ORIENTAÇÕES A RESPEITO DE E-MAILS FORA DO EXPEDIENTE E DE TRABALHO EM GERAL. QUAL É A EXPECTATIVA? NÃO PROMETA DEMAIS E DEPOIS ESGOTE OS OUTROS FUNCIONÁRIOS. ISSO NÃO FAZ VOCÊ PARECER UM HERÓI. EM LONGO PRAZO, FAZ VOCÊ PARECER UMA PESSOA COM QUEM NINGUÉM QUE TENHA OPÇÕES QUER TRABALHAR.

Amy Laski conta que, muitas vezes, na área de relações públicas, há uma sensação de que tudo precisa ser feito para ontem: "É realmente difícil priorizar quando você sente que está em uma corrida louca em todas as direções, o tempo todo. Eu conscientemente fomentei uma cultura em que somos capazes de priorizar as coisas importantes. Claro, às vezes há situações urgentes e, nesses casos, agimos com urgência. Mas do contrário? E-mails recebidos no fim de semana podem ser respondidos na segunda-feira".

Gerenciar a si mesmo e aos outros por tarefa, não pelo tempo, não significa ignorar o tempo. **O BOM TRABALHO LEVA TEMPO.** Quando avalio agendas, vejo que a maioria dos funcionários remotos acaba dedicando o mesmo tempo de trinta a cinquenta horas de trabalho por semana que os funcionários presenciais. Meredith Monday Schwartz, da Here Comes the Guide, observa que ela e seus funcionários definem intenções que geralmente tomam mais ou menos oito horas por dia. Esse número não é aleatório. Suspeito que sua popularidade tenha alguma base nos ritmos naturais dos seres humanos. Mas essa jornada significa manter o tempo no seu devido lugar — como parte de uma equação bem-sucedida, uma variável que pode ser ajustada para cima e para baixo conforme as circunstâncias exigirem, e não a única coisa que importa. O mais importante é conseguir pequenas vitórias repetidas vezes. À medida que uma tarefa é definida e realizada, o poder do progresso entra em ação. Faça isso dia após dia e, não importa quantas horas as pessoas estejam trabalhando, elas logo se sentirão imbatíveis.

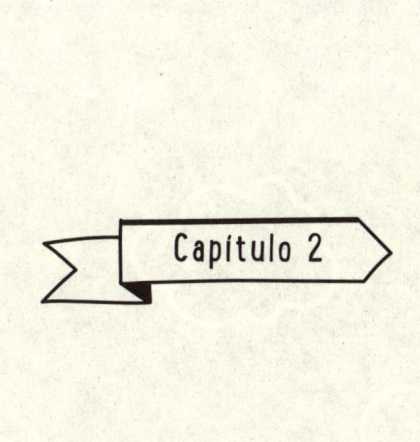

Capítulo 2

PEGUE O RITMO

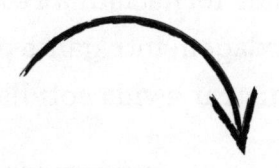

Os visitantes de certos mosteiros, no decorrer dos séculos, não precisavam de relógios. Cantos e leituras marcavam o tempo à medida que os monges percorriam a liturgia das horas: *laudes* ao amanhecer, vésperas à noite, *complines* antes de dormir. O raciocínio por trás desses rituais é que eles encorajavam o *mindfulness* — a prática de ter consciência de seu estado físico, emocional e espiritual no momento presente a partir do despertar de uma sensação de calma. Os monges não pensavam a respeito do que deveriam estar fazendo em cada momento. Os rituais forneciam a resposta — e sugerem uma abordagem intrigante para outros que tentam administrar a vida cotidiana.

> ISSO PORQUE UM DIA BOM — SEJA EM UM MOSTEIRO OU EM UM NOVO ESCRITÓRIO — TEM UM RITMO. HÁ UM INÍCIO E — TÃO IMPORTANTE QUANTO — HÁ UM FIM. DEVE HAVER UM MODELO GERAL QUE FORNEÇA DICAS PARA O TIPO DE TRABALHO QUE VOCÊ PRETENDE FAZER. UM BOM RITMO AJUDA VOCÊ A GERENCIAR SUA ENERGIA, O QUE, POR SUA VEZ, O AJUDA A FAZER MAIS.

A vantagem do trabalho com independência decisória é que, de maneira ideal — e aqui nos afastamos muito dos monges —, você descobre qual liturgia de horas funciona melhor para sua vida. Algumas pessoas gostam de ter o mesmo modelo todos os dias; outras preferem modelos alternativos para se concentrarem na interação ou no trabalho silencioso. Com horários flexíveis, se você trabalha melhor cedo, não precisa programar seu início para o momento em que as portas são abertas. Se você é um gerente que acorda cedo, não precisa se preocupar com o fato de os funcionários também começarem a aparecer às seis da manhã por causa de alguma regra tácita de que os pró-ativos devem estar em suas mesas quando os chefes entram. Esses madrugadores também não sofrem pressão para ficar na mesa, sem fazer nada, das dezesseis às dezessete horas só porque as normas do grupo determinam que ninguém saia.

Em situações extremas, é possível ser criativo e escolher horários não ortodoxos se esse ritmo ajudar você e sua equipe. Debra Scott, que faz gerenciamento de produtos e projetos de TI no setor de manufatura, relata que as diferenças de horário causaram problemas de comunicação com suas equipes no Sudeste da Ásia. Então ela decidiu começar a dividir os turnos. "Eu ficava no escritório local durante quatro horas pela manhã, depois trabalhava quatro horas à noite para me conectar diretamente com as equipes e indivíduos no Sudeste Asiático. Percebi que essas horas, a partir das vinte até a meia-noite ou das 21 horas à uma da manhã, em geral, eram passadas apenas assistindo à TV, navegando na internet ou jogando." Com essa programação, ela poderia trabalhar melhor e aproveitar as tardes e noites com a família antes do segundo turno de serviço em casa.

A única estipulação aqui — pela qual devemos agradecer à comunidade monástica — é que horários flexíveis precisam complementar a forma como as equipes trabalham melhor. Meredith Monday Schwartz, do Here Comes the Guide, pede aos funcionários que escolham um determinado horário de trabalho. Pode ser das sete às quinze horas. Pode ser das nove às dezessete horas. As pessoas não batem ponto ao entrar ou sair; se alguém tem uma consulta no dentista pela manhã, pode começar mais tarde, mas, quando o horário é relativamente previsível, os colegas sabem quando podem se comunicar com confiança. Eles podem planejar o trabalho para colaborar durante as horas que se sobrepõem ou se unir para cobrir mais horas.

Para uma carga grande de trabalho, acho que essa abordagem previsível, ainda que flexível, é a certa. Quando as empresas se tornaram virtuais de um dia para o outro, muitas simplesmente replicaram o horário de expediente que tinham antes. Isso pode fazer sentido para uma situação temporária, mas o trabalho remoto de longo prazo oferece uma chance de repensar o tempo. Se um funcionário sempre foi inútil antes das dez da manhã, mas faz um trabalho muito bom depois desse horário, por que então forçá-lo a começar a trabalhar às oito? As equipes que trabalham juntas podem definir horários centrais (por exemplo, das dez às quinze horas) em que todos estão "ligados", mas permitem que as pessoas definam os próprios ritmos fora desses intervalos.

Neste capítulo, examinaremos como traçar os ritmos dos dias para começar e terminar bem e fazer muita coisa nesse meio-tempo.

COMECE BEM

Como você sabe que está no modo de trabalho? O deslocamento diário para o serviço funciona como um ritual natural que realiza a transição do modo casa para o modo escritório. Na ausência disso, muitas pessoas precisam de outra coisa. Um "deslocamento falso" não precisa ser planejado. Muitos trabalhadores remotos ainda precisam ir a lugares pela manhã. Tim Peters, advogado de uma firma no Colorado que trabalhou durante anos em Ann Arbor, Michigan, relata que acompanha os dois filhos por mais ou menos meio quilômetro até a escola e depois volta caminhando, de forma que, segundo ele, "tinha embutido uma espécie de deslocamento para o trabalho" — pelo menos até as escolas fecharem por causa da pandemia. Fazer isso todas as manhãs proporcionou ar fresco para Peters e uma mudança de mentalidade da vida doméstica para a vida profissional. "Acho que o afeto pela rotina ajuda nessa situação", diz ele. "Tende a se confundir um pouco menos. Você tende a ser capaz de se concentrar um pouco mais."

Matt Altmix, que dirige uma empresa de fotografia em sua casa em Atlanta, e coapresenta o podcast *How to Money*, normalmente leva os dois filhos mais velhos (ele tem quatro) para a escola de bicicleta pela manhã. Em seguida, passa alguns minutos lendo, meditando ou orando e está pronto para trabalhar às nove horas. Se você não precisa levar os filhos para a escola ou o cônjuge para a estação de trem, tente outra coisa: uma volta pelo quarteirão, um compromisso rápido (ir aos correios, ao caixa eletrônico), passear com o cachorro. Ou pode passar uma xícara de café sem pressa. Ou se sentar na cadeira da escrivaninha, abrir a agenda e ler uma mensagem inspiradora. Regar as plantas. Criar uma *playlist*. Katie Goudie, que trabalha como consultora de marketing, cria uma trilha sonora para o trabalho: "Tenho uma *playlist* de jazz calmo, com composições basicamente para piano, que ouço com fones de ouvido quando realmente preciso realizar um trabalho criativo concentrado por algumas horas". Durante o distanciamento social, ela começou a ouvir, no YouTube, sequências de músicas semelhantes às que são tocadas em cafeterias para reproduzir a sensação que ela teria nesses ambientes.

OBVIAMENTE, AS EQUIPES TAMBÉM PODEM COMEÇAR OS DIAS JUNTAS. Durante a pandemia, várias empresas passaram a iniciar seus expedientes às nove da manhã com check-ins — encontros virtuais rápidos com a presença de todos os funcionários que servem apenas como uma espécie de chamada como a dos tempos de escola. Tenho dúvidas em relação a esse comportamento. Eles violam as principais regras para reuniões que discutimos no capítulo anterior. E acontecem não porque alguma coisa precisa ser mudada no mundo, mas só para marcar um determinado horário. No entanto, se esses encontros rápidos forem mais ritualísticos e menos parecidos com as reuniões normais, podem funcionar. De uma forma ideal, uma cerimônia de abertura deve ser bem planejada, com uma atividade definida para cada um de seus momentos e uma pessoa como facilitadora. Todos deveriam ganhar algo por estarem presentes nessa *call*. Francamente, eu tornaria esses check-ins opcionais para forçar os organizadores a provarem sua utilidade. E, acima de tudo, a cerimônia deve ser curta (menos de dez minutos). Do contrário, você está apenas queimando o que muitas vezes acaba sendo o melhor horário de trabalho das pessoas.

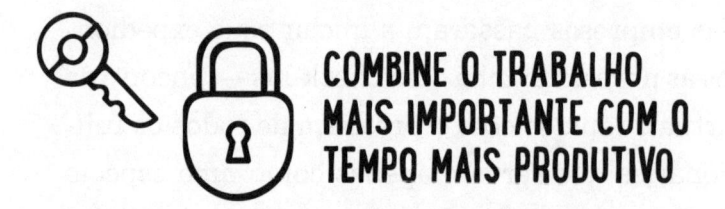

COMBINE O TRABALHO MAIS IMPORTANTE COM O TEMPO MAIS PRODUTIVO

Adoro como Anne Bogel, da Modern Mrs. Darcy, resume o segredo da produtividade: "O objetivo constante é fazer um trabalho que exija uma reflexão profunda quando tenho energia e não tenho distrações".

A tragédia da cultura de escritório é que as equipes definem reuniões e programações em geral sem levar em conta a importância de momentos de reflexão profunda para algumas atividades ou a probabilidade de distrações. **A MAIORIA DAS PESSOAS SENTE-SE MAIS RENOVADA PELA MANHÃ.** Pesquisas sobre os níveis de energia relatados pelas pessoas descobriram que, em média, oito da manhã é a melhor hora para começar.[1] Depois da primeira xícara de café, as pessoas acreditam que são capazes de conquistar o mundo. Por volta das 14h30, a maioria de nós está menos preocupada em conquistar o mundo do que em tirar uma soneca. Assim, não faz sentido agendar uma reunião de check-in — na qual todos relatam que sim, ainda estão fazendo seu trabalho — às 9h30, quando as pessoas poderiam estar produzindo intensamente. Essa reunião de status, se for necessária, deve acontecer no meio da tarde. As pessoas vão às reuniões marcadas na agenda independentemente de como se sentem. E não resolverão os problemas profissionais mais importantes quando a energia estiver baixa.

Portanto, sempre que possível, planeje os dias para fazer qualquer coisa desafiadora, especulativa ou simplesmente importante quando estiver em melhores condições para encará-la. **MONITORE SEU TEMPO E OBSERVE OS NÍVEIS DE ENERGIA.** Se você, como a maioria das pessoas, realiza o melhor serviço pela manhã, reserve os primeiros sessenta a noventa minutos do dia de trabalho para seu projeto de prioridade máxima. Você pode obter outra descarga utilizável de energia no fim da manhã, logo após o almoço (antes do colapso) ou uma hora antes do fim do expediente. Tipos notívagos podem ter mais energia no fim do dia. Se você sabe isso a seu respeito, pode se planejar. Você também pode fazer a triagem do serviço especulando sobre como se sentirá. Se as reuniões com uma determinada pessoa sempre o deixam esgotado e essa pessoa aparece em sua agenda, não planeje nada difícil depois. É melhor usar esse conhecimento como motivação para realizar o serviço difícil antes.

Obviamente, você nem sempre pode controlar essas coisas — e a vida envolve trocas. Nove e meia da manhã é teoricamente um horário produtivo para mim. Durante tempos normais, escrevo e edito pela manhã e uso as tardes para telefonemas e e-mails (com uma corrida curta para me reenergizar). Mas às 9h30 também é — estou escrevendo estas linhas exatamente neste horário — a hora em que três de meus filhos estão tendo suas aulas diárias via Zoom. Tenho uma boa banda larga e muitos dispositivos habilitados para o Zoom, mas alguém inevitavelmente sempre precisa de suporte técnico. Com cinco filhos em casa, não consigo ser muito rígida a respeito dos horários em que realizo tarefas. Mas se o bebê está dormindo às 6h30 e a casa está silenciosa, posso resistir à tentação de limpar a caixa de entrada. Isso pode ser feito a qualquer momento. Uma das leitoras do meu blog postou uma sugestão de que pessoas com agendas interrompidas com frequência "aloquem um mínimo de sessenta minutos de seu tempo para um trabalho pesado, logo de manhã". Ao agir assim uma hora antes do início normal do dia de trabalho, "isso lhe dá uma vantagem", diz ela. Você obtém uma vitória cedo e pode ficar mais relaxado quando as pessoas pedirem coisas. Isso é especialmente importante se você estiver na gestão, porque, quando se está supervisionando outras pessoas, as perguntas dos membros da equipe não são distrações — são o seu trabalho. É bom tratá-las como tal e se sentir totalmente aberto e disposto a lidar com essas perguntas. Muitos gerentes acabam usando o dia normal de trabalho para responder a perguntas e, em seguida, fazem um serviço focado após as dezessete horas, mas, a menos que você seja notívago, seu cérebro ficará confuso conforme o relógio avança para as vésperas (ou para o *happy hour*). Mesmo os notívagos podem se sentir cansados após um longo dia de trabalho. Fazer um trabalho focado antes do início do dia permite que você aproveite o que muitas vezes pode ser um tempo altamente produtivo para realizar um pensamento crítico e fazer avançar as coisas importantes.

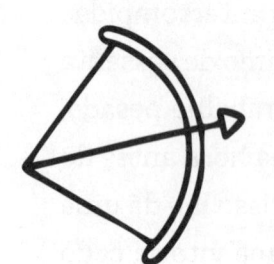

COMBATA AS DISTRAÇÕES

Agora, vamos para as distrações reais. Antes da Covid-19, sei que vários líderes empresariais resistiam ao trabalho remoto porque presumiam que funcionários sem supervisão passariam o dia inteiro assistindo à Netflix. Tenho certeza de que isso poderia acontecer, embora, ao estudar centenas de agendas com um dia remoto ou mais incluído, nunca constatei mais do que um único programa visto — e mesmo assim durante o almoço. O que a experiência em massa de 2020 com trabalho remoto revelou é que funcionários motivados e engajados continuarão a ser assim onde quer que trabalhem. Funcionários desmotivados e não engajados vão decepcioná-lo em qualquer lugar. **NÃO É O LOCAL QUE TRANSFORMA UM FUNCIONÁRIO PROMISSOR EM UM DELINQUENTE.**

Dito isso, tanto as pessoas de alto desempenho como as de baixo podem se distrair. Pessoas com baixo desempenho distraídas não realizam seu trabalho. As de alto desempenho lidam com as distrações virando a noite, de modo que ainda assim atendam às expectativas. Nenhum dos dois casos é ótimo em longo prazo, por isso é sensato encarar esse problema.

Algumas distrações são óbvias, como um colega de trabalho conversando alto ao telefone do lado de fora do escritório. Outras são mais insidiosas porque parecem produtivas. Você está escrevendo uma proposta para um novo cliente. Lembra que um colega lhe enviou uma estatística que seria ótimo incluir. Então abre a caixa de entrada de seu e-mail para pegá-la e... trinta minutos depois, ainda está encarando as mensagens "urgentes". Quando se está em home office, além dessas, podem ocorrer outras distrações relacionadas às tarefas domésticas. Você se lembra de que seu cônjuge disse algo sobre fazer tacos para o jantar, então vai até a cozinha para conferir se tirou a carne moída do freezer para descongelar. Então, enquanto está lá, percebe uma pilha de correspondência ainda fechada e... opa. Lá se foi aquela hora ininterrupta.

>>> FELIZMENTE, EXISTEM MANEIRAS DE MINIMIZAR TODOS OS TIPOS DE DISTRAÇÃO. <<<

A melhor maneira de lidar com distrações "produtivas" que surgem sem serem convidadas é criar uma lista "para depois". Mantenha um caderno próximo a você enquanto estiver realizando um trabalho focado. Sempre que surgir um pensamento sobre alguma coisa que você precisa fazer, anote-o. Se precisar encontrar um número, uma citação ou um dado específico, basta deixar um lembrete para pesquisar mais a fundo depois — em seguida, inclua a informação que precisa encontrar na lista "para depois". Quando você fizer uma pausa em trinta ou quarenta e cinco minutos, pode realizar todas essas tarefas. A carne vai ficar bem se for tirada do congelador trinta minutos depois, mas o tempo de trabalho ininterrupto não tem preço.

DURANTE ESSE TEMPO ININTERRUPTO, MANTENHA O FOCO FAZENDO UMA COISA DE CADA VEZ. Caso contrário, você perde tempo na transição. Muitas pessoas confiam muito na técnica Pomodoro, que envolve trabalhar por vinte e cinco minutos e fazer uma pausa de cinco. Isso faz com que tais blocos se encaixem bem em uma agenda com muitas coisas programadas em uma hora e em meia hora, e também é inteligente para qualquer trabalho que você ache difícil ou entediante. (São apenas 25 minutos! Você sobrevive a isso!) Claro, não há nada mágico a respeito desse recorte de 25 minutos. Kaelyn Lopez, uma ex-enfermeira que se tornou analista de dados hospitalares trabalhando em home office, relata que marca um cronômetro para trinta ou sessenta minutos, dependendo

da tarefa. Ela chama o cronômetro de "divisor de águas": "Assim que marco o cronômetro, é como se eu tivesse assinado um pacto comigo mesma para não fazer nada além de trabalhar até o alarme tocar. Se o cronômetro não estiver rodando, sinto uma estranha liberdade para pesquisar coisas no Google ou simplesmente realizar tarefas não relacionadas ao trabalho quando não deveria".

Hilary Sutton, consultora e profissional de marketing de conteúdo de Washington, sugere que as pessoas "testem diferentes piques de foco. Descobri que um pique de noventa minutos a duas horas funciona para mim. É bom levantar e fazer outra coisa a cada duas horas mais ou menos". Poucas pessoas conseguem se concentrar por mais de duas ou três horas por vez, mas tudo bem — a maioria de nós fica com fome, com sede ou precisa usar o banheiro nesse intervalo de qualquer maneira.

Eu também alertaria contra uma distração insidiosa do trabalho em home office: o compromisso de meio de dia. Pessoas com horários flexíveis poderiam, teoricamente, ocupar o horário das onze da manhã com uma consulta ao dentista. Ocasionalmente, você pode decidir que vale a pena, se isso significar consultar um especialista que só terá outro horário disponível dali a três semanas. Mas não interrompa de modo rotineiro seus dias para o que são, em essência, tarefas com um nome diferente. Guarde as interrupções para atividades de progressão na carreira, como almoços de *networking* ou coisas que não podem acontecer em outros momentos, como acompanhar uma excursão escolar de seu filho. Se seu médico começa a atender de manhã cedo, agende o primeiro horário. O mesmo vale para as reuniões com fornecedores e o recebimento de mercadorias na sua casa — agende todos esses grupos de atividades para o mesmo dia, se possível. Sutton sugere que você defina regras semelhantes às que você seguiria em um local de trabalho normal. "Libere-se da sensação de obrigação de atender à campainha, por exemplo, se você não seria encarregado de fazer isso em um escritório", diz ela.

Se você está trabalhando remotamente, provavelmente passa mais tempo ao telefone. Mesmo assim, reuniões continuam a ser reuniões.

As *calls* devem ser planejadas, assim como as reuniões presenciais. No entanto, como a maioria das reuniões presenciais não é bem planejada e as audioconferências são ainda piores, é surpreendentemente fácil se distrair. A melhor regra é: se você consegue realizar facilmente várias tarefas ao mesmo em que participa de uma *call*, é porque não deveria estar nela. Embora mostrar seu rosto em uma videoconferência lotada possa trazer algum benefício, é quase zero o benefício de participar de uma audioconferência com trinta pessoas. **IGNORE-AS QUANDO POSSÍVEL.** Se você realmente precisa estar em uma reunião por telefone e prestar atenção, faça algo para se ocupar um pouco — queimando o excesso de energia física que teria feito você checar a caixa de entrada. Um dos leitores do meu blog compartilhou o seguinte: "Descobri que minha arma secreta para audioconferências é o artesanato — geralmente ponto-cruz. Isso mantém minhas mãos ocupadas e me impede de ler artigos na internet — o que eu costumava fazer. Precisa ser um artesanato que você possa largar a qualquer momento e que não seja complicado. É muito mais fácil prestar atenção quando minhas mãos estão ocupadas". Você também pode rabiscar alguma coisa em um papel — quando meu filho de cinco anos e cheio de energia estava tendo aula virtual da pré-escola, eu o colocava sentado no meu colo desenhando ou rabiscando letras. Isso representava uma alternativa às atividades manuais preferidas dele, como jogar coisas fora da minha mesa ou apertar teclas aleatórias do meu laptop.

Claro, você pode rabiscar o quanto quiser para se autogerenciar, mas existem as distrações que vêm de outras pessoas. Quando o trabalho remoto é bem executado, deve haver muito menos desse tipo de distração. Esse é um dos motivos que levaram 65% das pessoas que trabalhavam remotamente a dizerem, na pesquisa anual mais recente da FlexJobs, que eram mais produtivas em home office do que nos locais de trabalho.[2] Antes da Covid-19, me perguntavam muito como se concentrar sentado em um escritório. Com o trabalho remoto, ninguém vai passar para falar a respeito de como o Joe do financeiro simplesmente apareceu no escritório de shorts. No home office, você pode, de fato, se desconectar de qualquer aplicativo de mensagens, colocar o telefone no modo avião e ficar inacessível. O problema é que poucas pessoas querem fazer isso. Talvez não queiram ser um gargalo no fluxo de trabalho ou talvez não queiram que os chefes pensem que estão assistindo à Netflix. De qualquer forma, as equipes precisam definir regras de comunicação. O ideal seria você poder concordar em estabelecer horários de silêncio e trabalho focado alternados com intervalos de colaboração geral e de bate-papo com os colegas. Dessa forma, se você receber uma mensagem durante as horas de silêncio, sabe que provavelmente é importante o suficiente para olhar, e não é a respeito dos shorts do Joe (e, de qualquer forma, se o Joe estiver trabalhando em home office, ninguém poderá ver os shorts dele).

FAÇA PAUSAS

Estamos mais sujeitos a distrações quando estamos cansados. Portanto, ao trabalhar para evitar distrações, você deve organizar proativamente sua programação para reconhecer picos e vales

de energia. **AS PESSOAS MAIS PRODUTIVAS DES-
COBREM UM MODELO DIÁRIO NO QUAL RECONHE-
CEM QUANDO ACONTECERÃO OS MOMENTOS DE
BAIXA ENERGIA.** Em seguida, planejam pausas
reais — pausas do trabalho normal centradas
em atividades de recuperação da concentração
— nesses momentos.

Todo mundo faz pausas, mesmo que não admita. O que tende a acontecer em ambientes de
escritório, onde as pausas são malvistas, é que as
pessoas façam pausas para realizar alguma coisa
que ainda se pareça com serviço — já que o trabalho é definido por permanecer nas mesas usando
computador ou telefone. Só que elas, na verdade,
estão lendo manchetes sensacionalistas ou perdidas em algum drama do Facebook. Essas atividades não são realmente canais para recuperar
a concentração. Embora o trabalho remoto deva
apresentar menos dessas normas vigentes para
grupos presenciais, algumas culturas ainda valorizam a disponibilidade a tal ponto que as pessoas, mesmo trabalhando em home office, contratam passeadores de cães porque acham que não
podem deixar a mesa por dez ou quinze minutos
duas vezes ao dia.

Sou totalmente a favor de terceirizar qualquer coisa que você não queira fazer, mas pausas reais são, geralmente, um uso eficiente do tempo. A maioria das pessoas não fará duas caminhadas de 45 minutos em uma tarde de terça-feira, mas certamente passará um tempo igual lendo os mesmos e-mails repetidas vezes, se distraindo com artigos caça-cliques que vieram em newsletters e, a seguir, vai parar em alguma loja on-line de móveis sem nem perceber ou sem pensar no tempo que está consumindo com essas divagações. É muito melhor fazer duas pausas reais de quinze minutos do que perder sessenta minutos seguidos.

Portanto, faça uma lista de opções de intervalos curtos que aumentem seus níveis de energia. Para muitas pessoas, essas opções incluem atividade física, ar fresco, conversar com um amigo, parente ou colega, ler algo relaxante, comer e talvez ingerir cafeína — se você conseguir usá-la com responsabilidade. Escolha um punhado delas, de preferência pelo menos uma atividade física e uma social. Mesmo os introvertidos tendem a gostar de intervalos sociais quando trabalham em home office, uma vez que não sofrem com a mesma superestimulação que ocorre em locais de trabalho lotados. Você pode planejar os intervalos curtos em seu dia para corresponder às baixas de energia.

A seguir, reproduzo um cronograma sólido de trabalho em home office:

8h30 às 10h30	Escrever uma proposta para um novo cliente.
10h30 às 11h	Tomar café via vídeo no WhatsApp com um amigo e verificar o e-mail.
11h às 12h	Videoconferência com a equipe sobre outro projeto.
12h às 12h30	Audioconferência (rabisque!).
12h30 às 13h	Almoço com o cônjuge que também está trabalhando em home office e reservou essa meia hora livre porque vocês notaram que o horário estava aberto na programação dos dois e coordenaram isso no dia anterior.
13h às 14h50	E-mails/crises diárias/check-ins por telefone/atividades não programadas.

14h50 às 15h	Colocar roupas de corrida.
15h às 15h30	Correr lá fora!
15h30 às 16h	Trocar de roupa, depois encarar o e-mail.
16h às 16h30	Realizar ligações (mais rabiscos...).
16h30 às 17h30	Fazer qualquer outra coisa que não tenha sido concluída durante o dia. Planejar a programação do dia seguinte.
17h30	Happy hour.

Esse é um dia bom. Conta com sete horas de trabalho bastante focado. Essas horas incluem realizar um projeto importante e criativo logo pela manhã. Há tempo para recuperar a energia e fazer planejamentos. Foram incluídos três intervalos: dois sociais e um físico. Pense em como uma corrida ao ar livre e um almoço com o cônjuge no meio do seu expediente representam um excelente equilíbrio entre vida pessoal e profissional.

Aqui está outra programação, mais voltada para cargos de gerência:

6h30 às 8h30	Projetar o orçamento ideal do departamento para o ano que vem.
8h30 às 9h30	Café da manhã com a família. Levar as crianças para a escola ou prepará-las para o início do dia de aulas virtuais.
9h30 às 12h	Fazer as tarefas diárias, preparar as reuniões da tarde, estar disponível e fazer o acompanhamento com subordinados diretos.
12h às 13h	Aproveitar o almoço para fazer ioga e comer algo leve depois.
13h às 15h	Três videoconferências consecutivas de quarenta minutos com cada uma de suas três equipes.
15h às 15h15	Lanche. Passar algum tempo ao livre em um silêncio abençoado.
15h15 às 16h	Fazer tudo que não foi feito durante o dia. Planejar o dia seguinte.
16h	As crianças estão de volta!

Esse cronograma também apresenta pouco mais de sete horas de trabalho sólido, incluindo tempo focado no início da manhã. Isso permite que nosso gerente conclua um projeto antes que outras pessoas comecem a fazer perguntas. A aula de ioga e o tempo ao ar livre servem como uma preparação e uma conclusão para uma sequência de reuniões intensas, o que permite que o gerente regule sua energia durante o que poderia ser um período de baixa.

SE VOCÊ GOSTA DE TRABALHAR À NOITE, TUDO BEM TAMBÉM. James Hickey, do Spearhead Capital, cujos filhos são adolescentes e jovens adultos que não precisam de supervisão à noite, relata que costuma trabalhar três horas pela manhã, fazer uma pausa mais longa, trabalhar três horas à tarde, fazer outra pausa e depois trabalhar mais duas horas após o jantar.

Se sua programação é variável, não há necessidade de ser radical a respeito dos intervalos mais curtos. Apenas certifique-se de que haja uma pausa em algum lugar. Eu sugeriria separar conscientemente um intervalo mais longo para o almoço. Você não precisa comer durante esse período se quiser fazer exercícios, treinar um instrumento musical ou algo parecido. Também pode dividir o tempo, como Cheryl K. Johnson me disse: "Há algum tempo venho praticando o que chamo de 'estilo de vida lancheira': uma pausa de trinta minutos que é a chance de desfrutar de comida caseira por quinze minutos e quinze minutos para gastar em uma aspiração pessoal que eu jamais teria a oportunidade de praticar de outra forma (por exemplo, ler, desenhar, sair de casa, aprender italiano etc.)". Embora as pessoas possam se sentir esquisitas em praticar pronúncia de italiano em voz alta no escritório, em casa ninguém vai ouvir. Quando administrados da maneira certa, esses períodos podem ser uma ótima maneira de aprender e crescer.

MANTENHA UM DIA (OU ALGUMAS HORAS POR DIA) EM ABERTO

Quando planejo minhas semanas, tento não me atribuir trabalho (além de planejar a próxima semana!) para sexta-feira. Tudo o que eu preciso fazer durante a semana precisa de um ponto-final designado antes do fim do dia da quinta-feira.

ISSO NÃO SIGNIFICA QUE EU TIRE AS SEXTAS-
-FEIRAS DE FOLGA. Esse espaço aberto funciona
como um amortecedor para absorver qualquer
coisa que sobre do resto da semana. Quando
algo leva mais tempo do que o esperado, o trabalho extra ainda pode ser feito antes do fim de
semana. Se alguma crise consumir a terça-feira,
o trabalho original desse dia pode ser remarcado
para a sexta-feira. Se você não consegue manter
um dia em aberto — e eu reconheço que é um
desafio para pessoas que trabalham com muitos
colegas —, mantenha algumas horas abertas a
cada dia. Uma gambiarra para quem tem muitos compromissos é agendar os da manhã a cada
hora e os da tarde a cada meia hora, pulando o
intervalo das 12h30. Isso garante noventa minutos de abertura — o que pode ser suficiente para
uma pausa para o almoço e para absorver os
atrasos e emergências da manhã. O espaço extra
evita pendências. "Mas apareceu uma coisa!" não
é realmente uma desculpa. Coisas *sempre* aparecem. Poucos de nós sabemos, às nove, tudo o que
precisará ser resolvido até as dezessete horas.
Os profissionais com independência decisória
cumprem os prazos mesmo quando a vida acon-

tece, sabendo que essa confiabilidade faz com que as pessoas briguem entre si para trabalhar com você.

Gosto de pensar nesse espaço aberto como um "fundo de emergência de tempo" — como o dinheiro poupado que impede que o conserto do telhado seja um problema —, mas com uma ressalva: o tempo não pode ser poupado. Uma semana cheia de horários livres em 2006 não pode ser sacada com juros em 2021. No entanto, em um período de tempo mais curto, os fundos podem ser usados. Se você tem duas horas livres na quinta-feira e a vida está boa, pode realizar algumas tarefas da lista de sexta-feira ou da semana seguinte. Você também pode "depositar" tempo em outras pessoas. Se ajudar uma colega em apuros, ela o ajudará naquele dia em que você tem seis horas de trabalho para cumprir em quatro. Você ainda está no caminho certo.

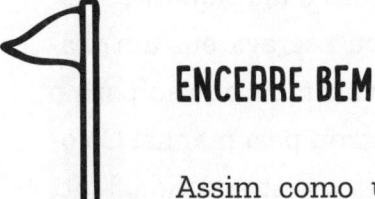

ENCERRE BEM

Assim como um dia precisa de uma abertura, precisa de um encerramento.

Curiosamente, enquanto muitas empresas instituíram os check-ins às nove da manhã durante a era do distanciamento social, um número bem menor realizou cerimônias de despedida no Zoom às 17h45 para indicar que o dia acabou.

> **ESSA É UMA OPORTUNIDADE PERDIDA. O PROGRESSO SUSTENTÁVEL REQUER PARAR ANTES QUE VOCÊ ESTEJA COMPLETAMENTE EXAUSTO. ASSIM, VOCÊ VIVE PARA COMEÇAR NOVAMENTE OUTRO DIA.**

Muitas pessoas que trabalham em home office acham útil criar os próprios rituais de encerramento. Sempre que sua lista de tarefas for concluída e você decidir parar, faça algo para encerrar a sessão. Escreva a lista de tarefas concluídas. Reveja a lista de tarefas para o dia seguinte. Medite por cinco minutos ou escreva em um diário. Reverta qualquer deslocamento falso para o trabalho que você orquestrou pela manhã. Coloque a cabeça no lugar para o resto da vida. Matt Altmix, fotógrafo e apresentador de podcast, relata que passa a última meia hora antes do fim de seu dia de trabalho às 16h30 em tarefas que não exigem grande esforço cerebral (talvez seja por isso que ele pediu que conversássemos às dezesseis horas!). "Se estou fazendo um *brainstorm* criativo até a hora de parar, é difícil desligar meu cérebro para estar presente com a família", diz ele. "Eu sei que, se estou lutando com algo realmente estressante até as 16h30, vou carregar esse estresse comigo para minha vida pessoal, e isso simplesmente não é justo com minha família." Outra dica: ele gerencia a agenda com um aplicativo de controle de tempo chamado Clockify; às 16h30, soa um alarme que indica que é hora de alterar as atividades. "Isso sinaliza para meu cérebro que estamos trocando de marcha."

Confesso que não segui meu próprio conselho. Por muitos anos — até aprender que precisava de mais ajuda com meus filhos —, eu mergulhava direto do trabalho na loucura das crianças. Minha justificativa para deixar o notebook aberto e esperando por mim era que muitas vezes eu planejava trabalhar novamente depois que meus filhos fossem para a cama. Mas mesmo que você faça esse "turno dividido", parar por um momento e desligar a energia pode tornar a transição menos complicada. Depois que meu amado MacBook Pro fritou porque eu nunca o desliguei, comecei a desligar o notebook por volta das 19h30. Posso ligá-lo novamente, mas, às vezes, penso melhor e pego um livro.

RITMOS DIÁRIOS E CRIANÇAS

É especialmente importante combinar o trabalho certo com o momento certo se você estiver cuidando de crianças pequenas. Em longo prazo, as pessoas que trabalham em home office e têm filhos pequenos precisam de pessoas ou instituições que cuidem de seus filhos durante as horas em que trabalham (um tópico ao qual retornaremos mais adiante neste livro). Com escolas e creches fechadas durante a pandemia, no entanto, muitas pessoas ficaram correndo de um lado para o outro, tentando descobrir maneiras de trabalhar enquanto supervisionavam as crianças.

Espero que, no momento em que você estiver lendo isto, todos tenham retomado as atividades de cuidados infantis ou tenham encontrado novas soluções que possam funcionar com as restrições. Mas as emergências envolvendo os filhos podem acontecer tanto com as pessoas que trabalham em home office quanto com quem passa o dia em um escritório. Trabalhadores remotos bem-sucedidos têm um plano para cobrir quaisquer lacunas no futuro, seja por causa de dias de neve, a babá passando mal ou o fechamento da creche.

Se você tem filhos mais velhos (com mais de nove anos), pode ser capaz de realizar um dia razoavelmente focado sem ninguém para ajudar com as crianças, definindo diretrizes muito claras sobre sua disponibilidade. Se seus filhos souberem que você estará disponível para eles antes das nove e de meio-dia às treze, e que começarão uma maratona de Fortnite com você às 16h30, eles podem desenvolver a disciplina de não bater na porta do seu escritório em outros momentos. Coloque uma placa vermelha dizendo PARE na porta, para o caso de eles se esquecerem.

No entanto, essa disciplina não surge até a pré-adolescência (também não é 100% eficaz nem mesmo nessa fase, mas pelo menos é uma aposta mais razoável). Assim, a estratégia que a maioria das pessoas com filhos pequenos arrumou durante a pandemia foi alterar os horários de trabalho com o cônjuge. Isso limita as horas de ambas as pessoas, mas é a solução mais sustentável e justa. **QUANDO O TRABALHO É BEM PLANEJADO, VOCÊ PODE SER RAZOAVELMENTE PRODUTIVO DE CINCO A SEIS HORAS POR DIA (COM ALGUNS INTERVALOS).** Uma leitora de um blog que trabalha com estudos acadêmicos desenvolveu um sistema familiar em que trabalhava das treze horas às 17h30, quando o parceiro cuidava das crianças, e das 19h30 às 20h30. "O que é fundamental para mim é usar o bloco noturno para o planejamento", escreveu ela. "Esboço o que preciso escrever no dia seguinte e, quando chego à minha mesa às treze, estou pronta para escrever. Eu também não faço trabalho administrativo ou leio e-mails durante aquele bloco da uma da tarde às 17h30, apenas escrevo e pesquiso. Normalmente consigo alguns minutos para enviar e-mails ou realizar trabalho administrativo nos fins de semana ou quando meu filho está ocupado brincando durante a manhã." Ela diz que descobriu que proteger esse tempo de trabalho focado é muito útil.

SE AMBAS AS PARTES NÃO PODEM SE COMPROME-
TER COM UM REVEZAMENTO REGULAR DE ASSISTÊN-
CIA INFANTIL, CADA UM DE VOCÊS PODE ESTUDAR
AS AGENDAS NA NOITE ANTERIOR E DESCOBRIR
QUEM PODE ASSUMIR OS CUIDADOS COM AS CRIAN-
ÇAS EM QUE MOMENTO E QUANDO VOCÊ PRECISARÁ
ACIONAR UMA MARATONA DE *GALINHA PINTADINHA*.

Uma caixa de brinquedos que foram escon-
didos por um tempo de forma que pareçam novos antes de uma *call* importante pode manter
as crianças ocupadas. Se você correr com uma
criança pequena fora de casa por um tempo, ela
pode ficar mais inclinada a se jogar no sofá ou
brincar em silêncio depois. Uma criança mais ve-
lha (com idade entre nove e dez anos) pode servir
como ajudante dos pais por 45 minutos ou mais,
quando necessário. Para diferenciar essa tarefa
de suas ordens normais de "Vá brincar com sua
irmã!", você pode pagar à criança na moeda que
ela valoriza (por exemplo, dinheiro ou horas de
uso do iPad). Também pode usar as primeiras
horas da manhã, as horas depois que as crianças

dormirem e as horas de cochilo, principalmente se estiver sozinho. **SE APENAS UMA DAS PARTES TRABALHAR EM HOME OFFICE E ACABAR COBRINDO UMA PARTE MAIOR DA ASSISTÊNCIA INFANTIL DE EMERGÊNCIA, A OUTRA PARTE PODERÁ COBRIR OS FINS DE SEMANA.** Durante um inverno com muita neve, há muitos anos, acabei fazendo todo o meu trabalho focado da semana aos domingos, enquanto meu marido levava as crianças para um passeio. Dessa forma, quando, a escola fechou devido a uma nevasca durante a semana em que ele estava viajando e nossa babá não pôde vir trabalhar por questões de segurança, eu ainda pude progredir em projetos de longo prazo.

Como sou dona do meu próprio negócio, tenho certo controle de minha programação. Nem todo mundo tem. Também sei que as comparações entram em questão, mesmo que a quantidade objetiva de trabalho realizado seja razoável. Ouvi de vários pais durante o tempo de distanciamento social que os colegas sem filhos estavam trabalhando mais horas por puro tédio. Com o ensino doméstico ou cuidados com bebês exigindo horas, muitos pais temiam parecer preguiçosos. Uma pessoa até me disse que estava pensando em pedir demissão porque não gostava de fazer um trabalho nota oito!

Não sei como essa situação se resolveu, mas espero que ela tenha continuado no emprego, porque uma nota oito ainda é suficiente para passar de ano. Do ponto de vista do empregador, prefiro que um funcionário que realiza um trabalho nota dez em longo prazo entregue um serviço nota oito por seis meses a que peça demissão. Eu sei que muitas pessoas apenas tentaram se virar e agir como se nada estivesse acontecendo, mas sugiro ter a coragem de ser transparente sobre o *motivo* de você estar fazendo um trabalho nota oito. Melhor deixar seus colegas saberem que você está de plantão pela manhã cuidando do bebê e que está disposto a meter a cara no serviço a tarde toda em vez de deixá-los mandar coisas para você executar pela manhã, cobrando constantemente e fazendo você — e o bebê — sofrer.

Eu também aconselharia que, embora seus colegas possam ser ambiciosos e agressivos, supõe-se que vocês estejam na mesma equipe. Se alguém sem responsabilidades de cuidar de crianças quer trabalhar mais horas, que tal ficar... contente? O ideal seria que todos nós contribuíssemos como podemos. Seus colegas contribuem com horas, e você contribui de alguma outra maneira, seja por meio de formas padrão de capital de carreira (conhecimento, contatos) ou de outra forma (seu jeito de iniciar cada *call* com a citação perfeita). Com o tempo, você vai compensar. Ficará tudo bem.

ARRUME O QUE FAZER

Se a última seção foi destinada aos pais, esta é para pessoas com outros perfis. Antes da pandemia, eu conduzi oficinas de gerenciamento de tempo em vários retiros anuais presenciais de empresas totalmente virtuais. Estudamos horários juntos; discutimos melhorias. Logo percebi uma coisa. Pessoas com filhos ou outras pessoas que dependiam de assistência eram muito melhores em respeitar o fim do dia de trabalho. Faz sentido: alguém precisa pegar as crianças na creche, ir encontrá-las no ponto de ônibus ou liberar a babá para ir para casa. Pessoas que moravam sozinhas ou com colegas costumavam trabalhar até altas horas — e nos fins de semana.

Eu sei disso por experiência própria. Durante os primeiros dias de trabalho em home office em meu apartamento no Upper East Side, eu passava as noites meio trabalhando e meio navegando na internet. Não estava relaxada, mas também não conseguia realizar muita coisa. O que quebrou esse ciclo para mim foi entrar para três corais comunitários. Cada um tinha ensaios semanais em uma noite diferente, o que significava que, às segundas, terças e quintas-feiras, eu tinha que parar de trabalhar às dezoito horas para ir a algum lugar. Isso me tornou muito mais eficiente (e impôs um horário de banhos mais regular).

Da mesma forma, mesmo que você esteja ocupado com o trabalho, não tenha vergonha de assumir compromissos que não sejam profissionais. Entre para um time de *softball*, inscreva-se para ajudar semanalmente a servir sopa para moradores de rua ou marque uma sessão com um personal trainer às 19h30 das terças e quintas-feiras. Você e seus colegas respeitarão um compromisso formal mais do que um desejo geral de parar de trabalhar em algum momento. **VOCÊ PLANEJARÁ A ENERGIA E O FLUXO DE TRABALHO TENDO OS COMPROMISSOS EM MENTE.**

Mesmo em situações de distanciamento social, há opções: uma videoconferência com amigos todas as quintas-feiras à noite; um momento para cuidar do jardim por uma hora antes do pôr do sol às dezoito horas ou participar de um grupo virtual de orações vespertinas.

Adote a mesma mentalidade para os fins de semana. Não vou dizer "não trabalhe nos fins de semana" porque todos nós precisamos fazer isso de vez em quando. Às vezes, queremos lidar com algo grande ou especulativo. Mas sem marcadores de tempo conscientes, a quarta-feira e o domingo podem acabar parecendo exatamente iguais. Em vez disso, encaminhe o trabalho para janelas determinadas (por exemplo, sábado de manhã, domingo depois das dezenove horas). Planeje proativamente as coisas divertidas: uma caminhada, fazer pão ou preparar um bolo. **UM RITMO SATISFATÓRIO NÃO É ALCANÇADO TRABALHANDO MENOS, MAS TENDO UMA VIDA ATRAENTE FORA DO TRABALHO.** Vale a pena acertar os ponteiros do seu relógio.

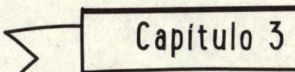

Capítulo 3

MONTE A EQUIPE CERTA

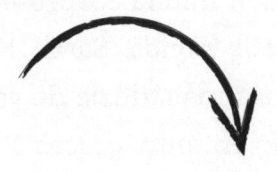

Antes de março de 2020, ouvi muitas versões destes argumentos contra o trabalho remoto e flexível:

"As pessoas precisam construir relacionamentos para trabalhar bem juntas."

"A melhor maneira de construir relacionamentos é estar cara a cara."

Essas afirmações são verdadeiras, mas não contam a história toda. Muitos de nós temos relacionamentos profissionais próximos com pessoas que não se sentam no mesmo prédio comercial que nós por quarenta horas semanais. Eu vi minha coapresentadora do podcast *Best of Both Worlds*, Sarah Hart-Unger, pessoalmente apenas meia dúzia de vezes no decorrer dos anos. No entanto, graças à tecnologia, montamos uma empresa juntas. Nossas *calls* uma ou duas vezes por semana, complementadas por muitos e-mails e mensagens de texto, são suficientes para criar uma boa colaboração. De fato, em nossos dias de gravação, quando entramos e saímos do Squadcast, trocamos mensagens de texto e usamos o FaceTime, às vezes esqueço que todas essas interações são virtuais e ela está na Flórida, e não sentada em um escritório no fim do corredor.

MAS O MAIS IMPORTANTE: O TRABALHO NÃO PRECISA SER UMA COISA OU OUTRA. O TRABALHO VIRTUAL NÃO IMPEDE O TRABALHO PRESENCIAL. Essas modalidades se complementam. Suspeito que, uma vez que a pandemia fique para trás, muitos empregadores chegarão a um acordo no qual as pessoas trabalharão no escritório dois ou três dias por semana e remotamente outros dois ou três. Alguns concluirão que podem trabalhar quase o tempo todo remotamente, e o arranjo vai depender do que as empresas considerem mais vantajoso.

Ambos os tipos de trabalho podem funcionar e oferecer confiança e colaboração reais. Na verdade, estruturar o trabalho para ser flexível — especialmente em termos de localização — pode ser uma vantagem estratégica para líderes com visão de futuro que desejem construir uma grande equipe e uma rede ampla e robusta. Os indivíduos também podem usar um pouco da flexibilidade que o trabalho em home office oferece para formar as próprias equipes de pessoas que desejem que eles tenham sucesso. Este capítulo cobre estratégias que tanto gerentes como indivíduos podem usar para cultivar conexões — não apesar de trabalharem remotamente, mas, em muitos casos, porque trabalham assim.

É por isso que refuto a narrativa de que o trabalho em home office é de alguma forma menos colaborativo do que o trabalho em tempo integral no escritório. Para começar, a colaboração é mais eficaz com pessoas que são realmente boas no que fazem, o que sugere uma vantagem óbvia para os gerentes que permitem que as pessoas trabalhem em casa: seu universo de talentos não está limitado a profissionais que moram a até uma hora de carro da sede da empresa. Se as pessoas forem ao escritório apenas duas vezes por semana, você provavelmente poderá dobrar esse raio. Se a expectativa de trabalho presencial é de uma semana por mês, você pode contratar em qualquer lugar. (Dados os custos envolvidos na viagem ou se sua equipe for muito dispersa geograficamente, uma semana por mês é preferível a um dia por semana.)

ALÉM DE AUMENTAR O RAIO DE CONTRATAÇÃO, O TRABALHO VIRTUAL TAMBÉM É UMA GRANDE VANTAGEM PARA QUEM ESCOLHE UM EMPREGADOR. Várias pesquisas descobriram que um número considerável de pessoas está disposto a aceitar cortes no pagamento para poder trabalhar em home office. Para um empregador, isso implica que o trabalho virtual permite obter bons profissionais a custos menores. Amy Laski diz que a ideia de fundar a Felicity, sua empresa de relações públicas, foi, em parte, para dar a profissionais experientes a oportunidade de uma grande integração trabalho-vida. "Nossa estrutura virtual significa que nossos clientes investem em cérebros, não em tijolos", diz ela.

Então, depois de contratar boas pessoas, você pode mantê-las. A Here Comes the Guide acelerou a transição para o trabalho virtual quando dois integrantes da equipe altamente valiosos tiveram que se mudar por causa dos empregos de seus parceiros. "Perguntamos: simplesmente perdemos esses funcionários ou encontramos uma maneira de fazer com que continuem trabalhando para nós?", diz Schwartz. "Foi uma pergunta fácil de responder." Quando os funcionários podem trabalhar de qualquer lugar, você naturalmente tem menos rotatividade e, quanto mais tempo trabalhar com as pessoas, mais construirá relacionamentos de confiança que produzem bons resultados.

É claro que construir ótimos relacionamentos com colegas, clientes e futuros colaboradores requer mais atenção quando você nem sempre está no mesmo prédio. Mas a boa notícia é que existem muitos passos práticos que podem ser seguidos para fortalecer seus contatos — tanto virtual quanto pessoalmente — quando se trabalha em home office. **ABORDAR QUALQUER RELACIONAMENTO COM ATENÇÃO É MELHOR DO QUE CONSIDERÁ-LO APENAS ALGO CORRIQUEIRO.** Veja como pessoas inteligentes constroem equipes remotas para ajudá-las a ter sucesso.

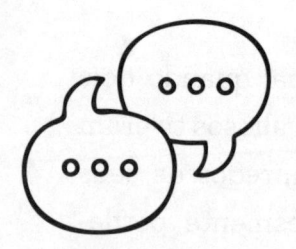

RECRIE O PAPO DE ESCRITÓRIO

A happy hour no Zoom se tornou um clichê da pandemia. E, sim, vi meu marido andando pela casa com o laptop e um copo de uísque. Mas os clichês se tornam clichês por um motivo, e o que aqueles de nós que tinham contas no Zoom Pro antes de março de 2020 descobriram é que, para a maioria dos propósitos de negócios de pequenos grupos (por exemplo, sua reunião não exige contato físico), ver o rosto um do outro é 75% tão bom para fazer contatos e cultivar relacionamentos quanto ver um ao outro pessoalmente. Como as *calls* em vídeo também reduzem as multitarefas, elas, em vez de *calls* apenas de áudio, devem ser o padrão de qualquer trabalhador remoto.

Para aproveitar ao máximo o envolvimento social que as *calls* permitem, certifique-se de iniciar as reuniões virtuais com alguns minutos de bate-papo agendado. Todos farão isso de qualquer maneira, e colocar esse tipo de compromisso na agenda significa que será contabilizado (algumas pessoas também abrem a reunião alguns minutos antes e incentivam os participantes a conversarem durante esse período, o que é ótimo. Gosto de reconhecer que se conectar faz parte do objetivo de qualquer reunião). Quem quer que esteja convocando a reunião pode fazer uma pergunta de socialização para todos, usando nomes para que as pessoas saibam quem deve falar. **DESSA FORMA, TODAS AS VOZES SÃO OUVIDAS.** Claro, parte da socialização que ocorre em torno das reuniões também é informal (ou comunicação não verbal). Uma leitora postou em meu blog que faz questão de "ligar para colegas após as reuniões para replicar o bate-papo e a discussão que acontecem quando as pessoas saem das reuniões ao mesmo tempo". Se, após uma reunião presencial, você teria contado uma piada sobre alguma coisa no caminho para o banheiro feminino ou chamado um colega num canto para dizer algo para ele em particular, você pode ligar para esses mesmos colegas para fazer isso. (Os aplicativos de bate-papo internos podem fornecer a mesma saída, com a ressalva de que podem acabar ficando visíveis para os outros.)

Além de as happy hours no Zoom serem divertidas, as empresas que realmente pensam no trabalho virtual tendem a direcionar mais esses encontros. Maria LeBlanc, que trabalha com angariação de fundos, relata que criou um clube do livro com temas relacionados ao setor em que atua. "Isso nos reúne para um bate-papo mais informal que lembra sessões de desenvolvimento profissional, mas também pode ser descrito como conversa fiada/conexão", diz ela.

Você pode "almoçar" com colegas ou outros contatos virtualmente comendo na mesma hora (pague o iFood de alguém, se quiser). A primeira vez que almocei em uma videoconferência achei incrivelmente estranho, mas então percebi que era porque eu podia me ver comendo. Isso não acontece em um restaurante, a menos que tenha muitos espelhos, mas seu companheiro de almoço também pode ver você mastigando na vida real. Então, a menos que você seja desleixado, não há necessidade de ficar constrangido. Esconda a própria janela e ficará tudo bem.

Quase tudo que pode acontecer pessoalmente — desde aulas de ioga até discussões na hora do almoço sobre a educação dos filhos — pode acontecer por meio de uma videoconferência. Você pode fazer uma degustação de vinhos enviando garrafas aos funcionários. Pode enviar um bolo de aniversário para um funcionário e depois cantar parabéns (embora a opção mais inteligente seja ter misericórdia dos colegas e nomear aquele que costuma dominar o karaokê nas festas de fim de ano para cantar — usando a desculpa de que os programas de videoconferência não trabalham bem com várias vozes). **AS OPÇÕES VIRTUAIS ÀS VEZES SÃO MAIS FÁCEIS DO QUE AS EQUIVALENTES DA VIDA REAL.** Sou fã de visitas a home offices — o que Erin Ruane, vice--presidente sênior de marketing e vendas do site de imóveis homes.com, relata que sua empresa começou a fazer durante a pandemia. Os funcionários exibiam seus home offices, suas casas em geral, e apresentavam os integrantes da família dispostos a aparecer. Um parêntese: quando todos conhecem o filho ou o cachorro de alguém, isso torna a inevitável aparição não planejada de tais crianças e cães no Zoom um momento mais leve. Também estamos todos curiosos a respeito das casas de nossos colegas, mas convidar uma dúzia deles para beber não é uma tarefa simples. Um passeio rápido com o laptop, por outro lado, pode mostrar um jardim ou suas habilidades ao montar estantes de livros da Tok&Stok para vários colegas sem dar tanto trabalho.

O SEGREDO PARA QUALQUER EVENTO SOCIAL VIRTUAL É QUE ELE DEVE SER MEDIADO. Alguém precisa direcionar quem está falando e usar nomes para tornar claras as deixas, da mesma forma que um anfitrião cortês faria com que a conversa à mesa de jantar fosse envolvente e inclusiva. Quanto menor o grupo, melhor. Embora você possa ter 25 pessoas no mesmo bar e alternar conversas entre pequenos grupos, isso é mais difícil em uma videoconferência (embora, honestamente, eu já tenha ficado presa conversando com uma única pessoa o tempo todo durante eventos ao vivo que deveriam encorajar a socialização — meu palpite é que isso também já tenha acontecido com você). Então, assim como é difícil ter uma boa conversa quando se tem doze pessoas em uma mesa de restaurante, é melhor dividi-las em grupos menores e, em seguida, misturá-los.

Essas opções sociais virtuais podem funcionar, embora as pessoas contratadas em longo prazo não dependam tanto delas porque, quando o mundo não está lutando contra uma pandemia, as equipes virtuais podem e devem se reunir presencialmente. Se você está no escritório um dia por semana, ou todos estão juntos três dias por mês, preencha esses dias com cafés da manhã, cafezinhos, almoços, happy hours.

O trabalho básico pode ser feito em qualquer lugar, então o tempo presencial deve ser usado para o que é mais adequado: **CULTIVAR RELACIONAMENTOS.** Na verdade, eu diria que os relacionamentos podem ser melhores quando o tempo presencial é planejado conscientemente em torno do engajamento social, em vez de todos assumirem que os relacionamentos crescem naturalmente quando se está sentando passivamente ao lado de outras pessoas durante reuniões.

Amy Laski diz que o retiro urbano anual da Felicity, com um dia de duração, prepara o cenário para interações da equipe durante todo o ano, uma vez que as pessoas estão "dando um rosto a um nome". Essas reuniões não precisam envolver um voo para Fiji (embora se você puder bancar... vá em frente). Uma vez que a maior parte da equipe de Laski está em Toronto, eles podem fazer atividades por lá, como ter aulas em uma escola de culinária, visitar um parque de atividades radicais como rapel e muros de escalada, ou uma central de reparos do metrô transformada em colônia de artistas. "Eu sei que terei o maior engajamento em nosso retiro se fizer uma programação — começando depois das nove e terminando mais ou menos às dezesseis horas — em um formato que seja condizente com o estilo de vida da equipe", acrescenta Laski. "Reduzimos os deslocamentos ao mínimo para que possamos maximizar o uso do nosso tempo juntos."

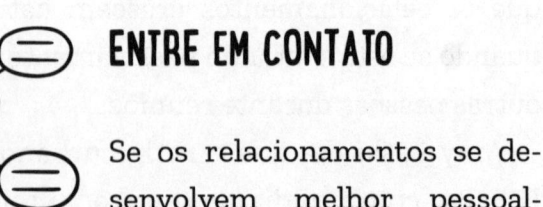

ENTRE EM CONTATO

Se os relacionamentos se desenvolvem melhor pessoalmente, então há uma pequena desvantagem na vida em uma mesa de escritório que raramente é discutida: estar em um local de trabalho quarenta horas por semana resulta em um superinvestimento de tempo (provavelmente além do ponto de rendimento decrescente) em um pequeno grupo de pessoas, e geralmente um *subinvestimento* enorme de tempo em qualquer outra pessoa — o que também pode ser profissionalmente útil. Quando se trabalha em um escritório, você almoça com seus colegas de trabalho. Se não está no escritório quarenta horas por semana, é mais fácil se reunir com pessoas que não sejam seus colegas de trabalho imediatos... e isso é uma coisa que você deve fazer.

Em seu livro *Face to Face*, o produtor Brian Grazer atribui às "conversas curiosas" muito de seu sucesso profissional.[1] Ele convida alguém fascinante para jantar apenas para conhecer a pessoa — sem nenhuma pergunta óbvia em mente. A maioria de nós não consegue manter o hábito regular de frequentar um restaurante chique, nem o Eminem retornará nossas ligações, mas basicamente todos nós podemos agendar pelo menos um almoço ou café por semana com alguém que valha a pena conhecer melhor. Isso fornece estrutura para um dia, cria uma pausa social e estende uma rede. Qualquer reunião pode ser mais agradável do que útil, mas isso é uma questão de disciplina. Com cinquenta cafés por ano, alguém vai acabar apresentando um novo cliente para sua empresa... ou encaminhando seu currículo quando você pedir. **QUANDO AS CONVERSAS CURIOSAS NÃO PUDEREM ACONTECER PESSOALMENTE, MANTENHA-AS VIRTUALMENTE.** Isso estende seu alcance para pessoas que moram a mais de uma hora de você e significa que não é necessário esperar até que um contato esteja passando pela cidade para que vocês se encontrem.

Para agendar esses cafés e almoços, você precisa adquirir o hábito de entrar em contato com as pessoas. Procure enviar uma mensagem a cada dia útil para alguém. Existem várias razões sinceras para fazer isso. Você leu um artigo sobre a empresa da pessoa. Acabou de falar com um amigo em comum. Viu no Facebook que o aniversário da pessoa está chegando, então entrou em contato com uma mensagem pessoal de verdade, em vez de apenas clicar em "curtir" na foto do aniversário (mandou bem). Assine newsletters do setor e parabenize os conhecidos que forem mencionados. **ENCONTRE PESSOAS QUE VOCÊ CONSIDERA INTERESSANTES NA CATEGORIA "PESSOAL" TAMBÉM.** Essas fronteiras são sempre confusas. Vizinhos, colegas da paróquia e os pais dos amigos de seus filhos, todos têm redes. Todos deveriam estar fazendo essas coisas, incluindo pessoas que se sentam na mesma mesa cinco dias por semana, mas acho que as pessoas que trabalham em tempo integral em escritórios tradicionais muitas vezes sentem que a necessidade de ter uma rede está satisfeita. Elas estão cercadas por pessoas do mesmo ramo o dia todo! Isso é bom, até não ser mais.

POUCOS EMPREGOS SÃO 100% SEGUROS. SE SUA EMPRESA PASSAR POR DEMISSÕES EM MASSA, SEUS COLEGAS DEMITIDOS SERÃO MENOS ÚTEIS DO QUE SEU AMIGO LÍDER ESCOTEIRO CUJO CÔNJUGE É O CHEFE DE CONTABILIDADE DE OUTRO EMPREGADOR IMPORTANTE NA CIDADE.

É claro que alguns trabalhadores remotos só ficam sentados em seus home offices o dia todo. Acredite, eu entendo essa tentação. Mas sem o desperdício de tempo de um deslocamento diário para o serviço e sem as normas de grupo que fazem você sentir que precisa explicar para onde está indo caso saia 45 minutos mais cedo para "bater papo" antes de ir à creche pegar os filhos, você pode construir uma rede mais ampla, se desejar. Funcionários remotos inteligentes fazem exatamente isso.

VÁ A EVENTOS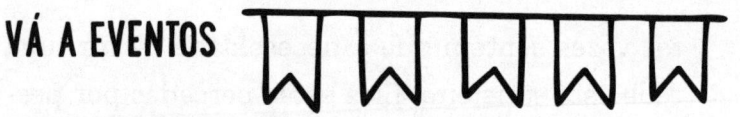

Quando você não passa o tempo todo no escritório, os eventos profissionais se tornam ainda mais importantes — mas, como todas as coisas, é melhor abordá-los com atenção.

Vá a conferências. Quando comecei a ir a esses eventos, achei-os frustrantes de uma maneira quase insuportável. Isso ocorre porque ouvir um painel de discussão pode ser a maneira menos eficiente do mundo de coletar informações. Mais tarde, descobri que o formato de painel persiste porque permite que os organizadores convidem pessoas importantes para uma conferência sem o compromisso de reservar uma vaga para um palestrante principal. **O VERDADEIRO TRABALHO DE UMA CONFERÊNCIA ESTÁ QUASE SEMPRE ACONTECENDO FORA DA PROGRAMAÇÃO FORMAL.**

Com a abordagem correta, uma conferência é, em grande parte, uma chance de conhecer pessoalmente gente que você conhece apenas de forma virtual. Gosto de marcar cafés com profissionais com quem quero conversar individualmente. Ao contrário, digamos, de encontros às cegas, não há problema em marcar esses compromissos sociais em horários próximos; se eles se sobrepuserem, você pode apresentar as pessoas. Estaciono no bar do hotel por duas horas no início da conferência e convido qualquer um que eu conheça por alto a aparecer. Muitas dessas pessoas também levam um amigo. É um bônus conhecer pessoas que seus conhecidos do trabalho acham que vale a pena conhecer.

Você também pode organizar seus próprios pequenos eventos. Se for visitar uma cidade a trabalho, pense em quem conhece por lá. Peça referências de amigos até que você tenha de quatro a seis bate-papos confirmados. Organize um jantar casual em algum lugar. Faça uma pequena pesquisa sobre o histórico pessoal de todo mundo a fim de poder orientar a discussão para assuntos de interesse mútuo. Se não houver química, tudo bem. São só uma ou duas horinhas. Provavelmente ainda é melhor do que serviço de quarto morno. E pode ser divertido.

Se você ou alguém que você ama tem algo para comemorar, dê uma festa. Sim, é uma trabalheira. Mas, e daí? Para que você está economizando energia exatamente? Em um ou dois dias, todos estarão bem descansados mais uma vez e a casa estará limpa, ou você pode simplesmente alugar um local e fugir da louça suja. Você ficará com memórias de ter compartilhado um momento significativo com pessoas que gostam de você, que é o que vale a pena ter. **ESSENCIALMENTE, ESTAR COM AS PESSOAS É UM BOM USO DO TEMPO.**

AUMENTE SUA EQUIPE

Em tempos normais, se você está contratando gente para sua equipe remota, é melhor procurar pessoas que considerem a parte remota uma vantagem e que funcionem bem com um pouco de ambiguidade. Meredith Monday Schwartz, do Here Comes the Guide, diz que, em entrevistas, procura pessoas "que são muito mais rígidas consigo mesmas do que eu jamais seria". "Estou procurando esse traço de personalidade. Elas não conseguiriam receber para não fazer o melhor trabalho." Muitas vezes, o ponto ideal são os profissionais experientes que têm motivos relacionados a estilo de vida para preferir o trabalho remoto. Ou talvez haja alguma mistura estranha de personalidade e dinâmica familiar. Anne Bogel, da Modern Mrs. Darcy, pesquisou o histórico de sua equipe e descobriu que as dez mulheres eram todas filhas mais velhas.

Dito isso, você trava guerras com o exército que tem. Empresas que não construíram seus negócios em torno do trabalho remoto ainda assim descobriram como fazê-lo durante a pandemia. Algumas pessoas exigem mais apoio, especialmente no início, mas todas podem aprender a ter mais independência decisória, especialmente se forem designadas para o trabalho certo e tiverem responsabilidade. **TRABALHAR EM HOME OFFICE É UMA HABILIDADE. COMO A MAIORIA DAS HABILIDADES, AS PESSOAS MELHORAM COM A PRÁTICA.** Se você está contratando alguém que nunca fez muito trabalho remoto antes, fique atento durante o processo de integração. Arran Stewart, do job.com, recomenda ter uma reunião no primeiro dia, na qual a nova pessoa dá um olá para todos virtualmente para que possa ligar rostos aos nomes que verá na caixa de entrada do e-mail. Durante essa reunião, peça para todo mundo adicionar a pessoa recém-contratada a todos os convites de reunião das quais ela precisa participar na próxima semana. Sim, todos vocês devem se sentar e dedicar alguns minutos para fazer isso juntos. Uma das peculiaridades da natureza humana é que nem sempre pensamos nas pessoas que não vemos bem na nossa frente e, embora você possa passar pela mesa de um novo funcionário e pensar "Ah, sim, Leigh precisa participar da reunião do projeto na sexta-feira", com trabalho remoto, quando a sexta-feira chegar, você pode pensar: "Ah, um momento, esquecemos de convidar Leigh!". (Isso não vai fazer a Leigh ter uma opinião muito boa sobre o trabalho remoto.) Como supervisor da pessoa recém-contratada, você também deve ligar para ela, possivelmente várias vezes no primeiro dia. Claro que isso é uma espécie de check-in, mas também é para mostrar que não há problema em ligar quando considerar necessário. Você quer que ela entre em contato se houver problemas, em vez de sofrer em silêncio, e uma maneira de mostrar que não tem problema em fazer isso é você mesmo entrar em contato.

Se está administrando sua própria empresa em regime de home office, é duplamente estimulante formar a equipe, pois você tem a satisfação de saber que criou esses empregos. As pequenas empresas que permitem que as pessoas trabalhem com flexibilidade, de qualquer lugar, às vezes podem empregar pessoas como colaboradores em vez de funcionários em tempo integral — o que permite que você seja ágil, aumentando ou diminuindo o número de pessoas dependendo do tamanho do projeto. Ao gerenciar o próprio tempo, pense no que está consumindo as suas horas e naquilo em que você pode não ser bom ou no que executa decentemente — mas esse talvez não seja o melhor uso de um recurso limitado. Anne Bogel observa que tem sido uma chefe muito relutante. À medida que seu império de livros crescia, ela simplesmente teve que reconhecer que precisaria liderar uma equipe. No entanto, diz: "Com o tempo, evoluí meu próprio cargo para me concentrar mais no que quero fazer". O gerente de operações de Bogel lida com a supervisão do dia a dia enquanto ela se concentra em questões criativas: "A quantidade de tempo que ele passa no Zoom falando com todo mundo a semana inteira é significativa", diz Bogel.

Conforme você pensa a respeito do que precisa, pode pedir referências à sua rede (para funcionários de empresas de internet, comunicação, design etc.). Eu também descobri que, ao falar para o universo a respeito de como estou gastando meu tempo, às vezes as pessoas aparecem. Seja franco em relação a essa questão. Uma profissional de criação muito bem-vinda me enviou um e-mail do nada, no fim do ano passado, descrevendo exatamente como poderia ajudar, exatamente da maneira que eu pensava que precisava de ajuda. Visto que ganha a vida lendo livros, não é surpreendente que Bogel tenha sido apresentada a pessoas — incluindo dois integrantes atuais da equipe — que disseram: "Trabalhar para você seria o emprego dos meus sonhos". Como sabia que essas pessoas seriam boas aquisições, Bogel topou conversar. Ela conta: "Eu não tinha necessariamente uma vaga para elas, mas, tendo em vista o que sabia a respeito da experiência e do talento das duas, tinha certeza de que poderíamos encontrar um lugar".

> MINHA ABORDAGEM DE SEMPRE É TESTAR PESSOAS EM UM PROJETO PEQUENO. SE NÃO FUNCIONAR, ELAS NÃO INVESTIRAM MUITO TEMPO E EU NÃO INVESTI MUITO DINHEIRO. MAS, SE FUNCIONAR BEM, PODEMOS TENTAR COISAS MAIORES — MESMO QUE NUNCA TENHAMOS NOS ENCONTRADO PESSOALMENTE.

MONTE UMA EQUIPE DOMÉSTICA

Assim como uma equipe de trabalho torna possível fazer mais do que você conseguiria sozinho, uma equipe doméstica permite que você se concentre no trabalho e passe as horas de folga de maneira agradável.

Para muitos de nós, a principal necessidade de uma equipe doméstica é a assistência às crianças. Em tempos sem distanciamento social, isso pode não ser necessário para pessoas cujos filhos tenham idade suficiente para ficar na escola. Com as crianças menores, porém, será um desafio fazer seu império crescer sem ajuda. Não é impossível — como as pessoas descobriram durante a pandemia de Covid-19 —, mas o que muitas pessoas aprendem com a experiência da pandemia é que trabalhar sem ajuda com as crianças é frustrante. As distrações se acumulam, você sente que está falhando em ser pai ou mãe quando sugere que seus filhos assistam a outro filme e o limite de horas disponíveis para o trabalho remoto significa que o pensamento mais elaborado é adiado. Sim, você pode e deve treinar seus filhos para desenvolverem certa independência na hora de brincar.

Porém, em geral, ter o acompanhamento de adultos, seja do corresponsável, de outro integrante da família ou de um profissional remunerado, torna a vida muito mais tranquila. E, inevitavelmente, no dia em que você tem uma *call* com um novo cliente em potencial, seu filho, que normalmente cochila às treze horas, simplesmente... não vai cochilar.

Claro, se você está trabalhando em home office e tem filhos pequenos, talvez já tenha notado este problema: mesmo que eles estejam sendo cuidados por outra pessoa, vocês ainda estão no mesmo espaço. As crianças podem ouvir você. Você pode ouvi-las. Elas podem querer visitar você. Quando meu marido e eu tivemos nosso primeiro filho, há muitos anos, morávamos em um apartamento de um quarto. Eu não via como esse arranjo poderia funcionar comigo trabalhando de home office e, então, mandamos nosso filho para uma creche adorável a alguns quarteirões de distância. Isso resolveu o problema do barulho, embora a falta de flexibilidade de horários e as doenças frequentes graças ao convívio com mais de uma dezena de outras crianças tenham se mostrado estressantes. Acabamos nos mudando para um apartamento de dois quartos e contratando uma babá quando tivemos nosso segundo filho. Conforme fomos entrevistando cuidadores no decorrer dos anos, aprendi a ser transparente e informar que, embora o trabalho seja principalmente manter as crianças seguras enquanto meu marido e eu estamos trabalhando, uma responsabilidade secundária é mantê-las fora do meu escritório. Nós nos associamos a todos os zoológicos, museus e locais de recreação para tornar isso viável. A esposa de Matt Altmix, Kate, cuida dos quatro filhos do casal durante o dia. Ele observa que ter definido "horas muito rígidas" para iniciar e interromper o trabalho ajudou a criar limites. "Kate sabe que não estou disponível durante este período para ajudar com as crianças", diz ele. "Já conversamos muito a respeito disso, e nós dois concordamos que, como único provedor da casa, é útil para ele se concentrar e não ter interrupções durante o horário de trabalho." Mas o horário rígido de parar também dá um pouco de segurança para Kate, um pouco de paz de espírito, sabendo que, às 16h30, ela pode contar completamente com o marido para auxiliá-la.

Uma boa assistência para as crianças é cara, então, sei que é tentador pagar menos, mas, se você tem grandes ambições, tente pensar nisso como um investimento que compensará seu potencial de ganhos em longo prazo. Por exemplo, contratar uma babá que trabalha depois que seus filhos voltam da escola e pode colocá-los para fazer os deveres de casa e começar os preparativos do jantar significa que você pode conversar com um cliente que gosta de fazer *calls* às 16h30 sem ter pressa em despachá-lo. Se você precisa viajar para a sede da empresa de vez em quando e seu corresponsável também viaja ou trabalha até tarde, ou se você é um pai ou mãe solo, uma pessoa confiável para cuidar das crianças que possa dormir na sua casa significa que você pode se concentrar nas viagens de trabalho sem fazer todo tipo de ginástica para executar uma logística maluca.

Você também pode considerar contratar alguém para fazer o trabalho doméstico. Muitas pessoas presumem que, se estiverem em casa durante o dia, terão mais tempo para o trabalho doméstico, mas o problema de estar em casa durante o dia é que você continua vendo a bagunça e logo o trabalho doméstico pode consumir todo o tempo disponível. Contrate alguém para fazer a limpeza e você pode cortar essa tarefa da sua agenda. E quanto à louça? Considere contratar alguém para preparar o jantar de vez em quando. É muito bom saber que o jantar estará na mesa quando você estiver pronto para sair vitorioso de seu home office.

TER UMA EQUIPE — TANTO PESSOAL COMO PROFISSIONALMENTE — LEMBRA A VOCÊ QUE SEU TEMPO É VALIOSO, QUE VOCÊ FAZ ALGO MUITO BEM E QUE É DO INTERESSE DE MUITAS PESSOAS QUE GASTE SEU TEMPO FAZENDO ISSO EM UM GRANDE PALCO.

PENSE GRANDE

Ser promovido e conseguir um escritório maior, dedicado aos executivos que estão no topo do organograma, é emocionante. Isso significa que você chegou lá. Está dando as ordens. Está trabalhando de uma posição de poder.

Não há nenhuma razão para que isso não seja o caso mesmo quando seu novo escritório executivo é um canto da sua casa. O home office ainda pode ser a sede de onde você constrói seu império.

O segredo para pensar grande é dar a si mesmo tempo e espaço para perguntar o que se quer da vida. Você pode pensar e sonhar em muitos níveis. Pode criar hábitos e estruturas que impulsionem sua carreira. Este capítulo traz ideias de como nutrir suas ambições, mesmo que você raramente use um *tailleur* ou um terno que lhe deixe com a aparência de executivo importante.

CRIE UMA LISTA DE CEM SONHOS

Quando comecei a estudar sobre o tempo, logo percebi que as pessoas com vida memorável e bonita geralmente não eram obcecadas por truques que lhes permitiam cozinhar macarrão mais rapidamente ou responder a dez e-mails no tempo que um simples mortal poderia lidar com oito. Elas se concentravam em preencher o tempo com coisas que mereciam ser feitas. E isso significa que pensavam em como gostariam de ocupar o tempo imediatamente e no futuro, tanto no campo profissional como no pessoal.

Se você nunca se deu permissão para fazer a pergunta "O que eu *gostaria* de fazer com meu tempo?", eu recomendo muitíssimo. Meu exercício favorito para isso, apresentado pela *coach* de carreira Caroline Ceniza-Levine para o meu livro *168 Hours*, é chamado de "Lista dos cem sonhos". É uma lista de tudo que você pode querer fazer na vida — e que não deve, em hipótese alguma, ser limitada ou sofrer qualquer tipo de censura. É basicamente uma lista de desejos para realizar antes de morrer... mas a maioria das listas desse tipo termina muito antes do item cem. É preciso pensar muito para chegar a uma centena de desejos. Você vai além do óbvio (ver a Torre Eiffel!) para ideias mais específicas para você. (No meu caso: escrever uma coleção de sonetos sazonais; decorar uma casa de bonecas muito bacana; visitar Perth.)

Embora as listas de desejos a serem realizados antes de morrer se voltem mais para o lado pessoal, para alcançar os cem itens, também se pode incluir algumas metas profissionais. Esses sonhos podem variar desde os mais realizáveis (iniciar um programa de mentoria) até aqueles que envolverão etapas que não estão sob seu controle imediato (tornar-se CEO de sua empresa).

NÃO INVENTE DESCULPAS PARA A AUSÊNCIA DE IDEIAS. Você não está se prendendo a nada disso, e sim apenas brincando com cenários para sua vida. Revisite essa lista de poucos em poucos anos, conforme seus desejos e ambições mudem. **SE QUISER, PODE COMPARTILHAR A LISTA COM AMIGOS, FAMILIARES OU MENTORES QUE O APOIAM.** Você pode riscar alguns itens neste fim de semana. Para as realizações maiores, escolha uma a duas metas profissionais e pessoais nas quais se concentrar por ano. Em dezembro, o que você gostaria de poder dizer que realizou? Escreva essas metas em algum lugar e afixe-a de forma que você a veja sempre, para que possa pensar em dar os passos em direção a elas ao planejar a programação semanal às sextas-feiras. E, claro, esteja aberto a oportunidades. Quando se articula desejos, você começa a enxergar possibilidades. Você observa que uma conferência na qual está de olho há um tempo será realizada em Perth em dois anos. Isso dá a você tempo para arranjar um convite para palestrar e providenciar alguns dias extras à sua programação de férias. Simplesmente assim, você está eliminando vários itens da lista. Ou pelo menos tentando. Às vezes, imprevistos — como uma pandemia — atrapalham nossos planos. Mas grande parte da alegria de qualquer evento é a expectativa causada pelo

simples ato de pensar em uma "Lista dos cem sonhos". Essa lista pode ser o suficiente para fazer o
futuro parecer mais aberto.

PROJETE UMA SEMANA
IDEAL REALISTA

Outra forma de pensar grande é
projetar uma "semana ideal realis-
ta" — isto é, como você gostaria que sua vida fosse, hora a hora, dadas as restrições da biologia e da
física? Que tipo de trabalho você estaria fazendo?
Que horas você trabalharia? Com quem você estaria trabalhando? Quando praticaria seus hobbies?
Como seriam suas noites e os finais de semana?

Criar uma programação ideal realista é especialmente útil para pessoas que trabalham em
home office porque, se você tiver mais controle
sobre a programação, poderá encará-la como um
guia, em vez de uma lista de desejos, e experimen-
tá-la. Talvez você sempre tenha achado que fazer
exercícios pela manhã seria uma boa, mas seu
deslocamento para o local de trabalho era tão longo que isso significaria se exercitar muito, mui-

to cedo — o que impediria a explosão criativa de sempre, que começa às 22 horas. Se sua programação ideal na era pós-Covid faz com que você trabalhe em home office dois dias por semana, você poderia se exercitar nessas manhãs e ainda fazer o *brainstorm* noturno. **A CRIAÇÃO DE UMA PROGRAMAÇÃO IDEAL REALISTA AJUDA A ENXERGAR AS POSSIBILIDADES.** Mesmo que você não consiga implementá-la completamente, ela pode oferecer orientação nos dias sobre os quais você de fato tem controle. Meu cronograma ideal é trabalhar pesado pela manhã, fazer exercícios e tirar uma soneca à tarde e depois trabalhar à noite (em geral depois do jantar até meia-noite). Esse cronograma é quase impossível de cumprir quando estou com a família, mas, quando estou sozinha por alguns dias, é exatamente como eu trabalho, e sei que não devo lutar contra os imprevistos de sempre.

TORNE-SE UM LÍDER

Conforme o mundo volta ao normal, alguns locais de trabalho simplesmente levarão todos de volta aos horários tradicionais. Se gostaria de manter um horário mais flexível, precisa pensar sobre que tipo de influência você tem. Uma descoberta: é mais fácil controlar seu horário de trabalho e a localização quando as pessoas vêm até *você* em vez de você precisar ir até *elas*.

> COMO MINHA AMIGA DORIE CLARK COLOCA EM SEU LIVRO *STAND OUT*, "CONSTRUIR UMA SÓLIDA REPUTAÇÃO PROFISSIONAL É A MELHOR MANEIRA DE PROTEGER A SUA CARREIRA E AVANÇAR NELA.[1] QUANDO VOCÊ É RECONHECIDO POR OUTRAS PESSOAS COMO UM LÍDER EM SUA ÁREA, CLIENTES E EMPREGADORES QUEREM TRABALHAR COM VOCÊ ESPECIFICAMENTE — E, SE VOCÊ PERDER O EMPREGO, ESTARÁ PREPARADO PARA DAR A VOLTA POR CIMA".

Expertise é um conceito nebuloso. Existem marcadores óbvios, como diplomas, mas não são os únicos, e geralmente os próprios diplomas são insuficientes para estabelecer alguém como um líder. Você precisa de uma boa ideia —

uma boa noção de sua marca ou do seu super-poder profissional. O que poderia fazer você se destacar? Se você não pensou muito sobre isso, tente perguntar às pessoas com quem trabalhou no decorrer dos anos como elas o veem. Quando você está no seu melhor momento? O que você faz que lhe dá mais destaque? O que parece fácil para você e é difícil para outras pessoas? Pergunte para muita gente. As opiniões de qualquer pessoa são interessantes, mas sujeitas às próprias peculiaridades. Quando oito em cada dez pessoas mencionam que nunca viram ninguém ler tão rápido, ou que você sempre inventa o nome perfeito para os projetos, ou que sua capacidade de explicar conceitos matemáticos complexos é estonteante, vale a pena levar isso em consideração. Às vezes, ao examinar tópicos díspares de sua vida, você vê que, na verdade, existem temas comuns. Talvez as coisas que você amava quando criança apareçam no tipo de trabalho que o deixa mais feliz agora. Você adorava fazer os amigos encenarem peças quando criança e agora orienta os colegas para fazerem as melhores apresentações de suas vidas. Pense realmente sobre esses assuntos para ver quais ideias e conhecimentos você poderia começar a compartilhar de forma mais ampla.

PARA SER LEVADO A SÉRIO EM RELAÇÃO A SUAS GRANDES IDEIAS, UM BOM CAMINHO É TER INSTITUIÇÕES OU PESSOAS COM INFLUÊNCIA QUE ATESTAM SUA AUTORIDADE. Isso explica o apelo de livros e das TED Talks, embora eles tendam a ser verificações de experiência. As etapas anteriores podem incluir fazer apresentações de suas boas ideias para colegas na hora do almoço, por meio de uma rede profissional ou atrair grandes públicos para sessões do Facebook Live ou do Stories do Instagram. Você pode iniciar um blog profissional ou postar artigos no LinkedIn. Papéis em branco parecem exercer um fascínio especial. Pesquise um assunto de interesse profissional e, em seguida, escreva um artigo apresentando e defendendo uma tese. Divulgue isso em sua empresa e em breve você será citado como o especialista no assunto e será convidado a compartilhar suas ideias com a alta administração. Ou, se você está constantemente explicando aos colegas como fazer certas tarefas, filme-se fazendo pequenos vídeos de instruções, que poderão ser compartilhados e o tornarão famoso dentro da empresa.

> **SER UM LÍDER ENVOLVE TER IDEIAS IMPORTANTES, MAS A PARTE DE LIDERANÇA TAMBÉM MERECE, OBVIAMENTE, ATENÇÃO.**

Você precisa de seguidores que concordem que você é um especialista e, de preferência, precisa de uma maneira de chegar até eles. Alguém deveria fazer um discurso de formatura com base exclusivamente no seguinte conselho: comece a coletar endereços de e-mail. Mesmo que você não vá usá-los, é bom saber que pode entrar em contato com as pessoas para contar a elas sobre o seu trabalho. Se você é o próprio chefe ou trabalha para outra pessoa, você pode lançar uma newsletter com conteúdo interessante: recomendações de livros ou podcasts, links selecionados, entrevistas com outros líderes. Uma newsletter por e-mail é uma das maneiras mais fáceis de lembrar às pessoas — à sua maneira — que você existe. A nossa própria existência é centrada em nossa experiência, por isso às vezes esquecemos que ela pode não ser a prioridade de todos. Certifique-se de que seus perfis de mídia social sejam consistentes com sua imagem. Tire fotos profissionais que transmitam sua personalidade no trabalho: intelectual, criativa, objetiva etc.

Até mesmo o pano de fundo de suas transmissões profissionais podem ser uma oportunidade de promover sua marca pessoal. Nos primórdios da tecnologia de videoconferências, essa seção poderia incluir uma advertência para não mostrar roupa suja ou camas desfeitas. Nós fomos além disso. **TER SUCESSO NO HOME OFFICE SIGNIFICA FAZER USO CONSCIENTE DE QUAISQUER RECURSOS VISUAIS AO COMPARTILHAR SUA TELA A FIM DE TRANSMITIR ALGUMA COISA IMPORTANTE A SEU RESPEITO.** Uma obra de arte original na parede mostra sua sofisticação. Um aquário alegre não significa apenas que você gosta de peixes — significa que você é acessível porque dá às pessoas um assunto óbvio para a conversa fiada que inicia a maioria das reuniões virtuais. Se você é conhecido como uma pessoa certinha, uma capa emoldurada do álbum de sua banda de faculdade pode sugerir uma personalidade mais multifacetada. Até mesmo os trajes podem moldar a conversa. Dominic Benford, da Nasa, normalmente usa gravata no escritório e decidiu continuar assim quando começou a trabalhar em home office. No escritório, ele alternava uma série de cinco nós de gravata diferentes, mas, assim que a quarentena começou, Benford decidiu começar a mostrar um novo nó de gravata todos os dias. Quando conversamos, ele estava fazendo isso havia trinta dias e exibia um "nó da ressurreição", que na verdade envolve dar um segundo "nó da trindade" (deixe que isso o leve a uma pesquisa sem fim na internet por um tempo). "Já era minha marca registrada", diz Benford. Agora, quando as pessoas entram mais cedo em uma videoconferência, alguém sempre pergunta o nome do nó daquele dia.

À medida que você tem uma noção melhor de quem é e do que é único a seu respeito, pode começar a falar sobre essas características quando se apresentar, quando alguém pedir uma biografia, ou quando você produzir materiais de marketing. **É MELHOR FAZER ISSO DE MANEIRA AUTÊNTICA.** Mas, se você prestar atenção, notará quantas vezes as pessoas perguntam "O que você faz?". Sou escritora, palestrante e apresentadora de podcast, mas, se alguém se der ao trabalho de fazer uma pergunta complementar, posso mencionar que meu objetivo com todas essas atividades é ajudar as pessoas a dedicarem mais tempo às coisas que são importantes e menos tempo às coisas que não são. Ter uma noção da frase que você colocaria no topo do seu site pessoal (ou, na verdade, começar a criar esse site!) permite que as pessoas saibam pelo que você é conhecido. Isso permite que elas descubram por que viriam a querer trabalhar com você especificamente — o que aumenta as chances de elas concluírem que precisam mesmo trabalhar com você.

OBTENHA *FEEDBACK*

Feedback é um presente, e formalizar o processo de recebê-lo de pessoas solícitas pode aquecer sua carreira. Essa é a teoria por trás dos grupos de mentoria ou de apoio mútuo, e você com certeza deve ingressar em um ou fundar o seu. Reúna-se com algumas pessoas em estágios profissionais semelhantes. Elas podem estar em sua empresa ou em seu setor, embora alguma diversidade pos-sa ser útil para ampliar a rede. Leve a cada reunião um problema que você esteja procurando resolver. Obtenha o *feedback* dessas pessoas a respeito des-se problema. Dê seu *feedback* a respeito dos problemas delas. **ENTRE EM CONTATO REGULARMEN-TE COM OS INTEGRANTES PARA QUE ENCORAJEM UNS AO OUTROS.**

Você também pode considerar arrumar um parceiro de responsabilização. Se trabalha em uma empresa, espera-se que seu gerente esteja prestando contas sobre a realização de seu trabalho, mas um parceiro pode encorajá-lo a propor novos projetos, negociar condições melhores e buscar recompensas. E, se você é o dono do próprio negócio, um parceiro de responsabilização pode lembrá-lo de continuar propondo novas frentes de trabalho, mesmo quando estiver ocupado, ou de sonhar alto em geral. Meu parceiro de responsabilização e eu nos falamos quase todas as sextas-feiras há sete anos. É ótimo ter um motivo para pensar a respeito do que fez e, se não fez nada, saber que poderá levar um chute no traseiro que fará você andar.

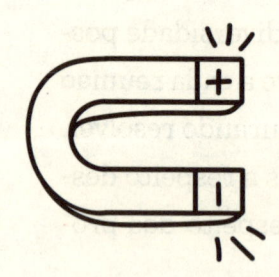

FAÇA EXPERIÊNCIAS

Aqueles que pensam grande sobre suas carreiras se dão tempo e espaço para fazer experiências. É por isso que as pessoas fazem retiros — tiram um tempo das responsabilidades diárias para brincar com ideias — mas, quer você trabalhe para uma empresa que faz isso ou não, você pode criar retiros solitários enquanto pondera os próprios dilemas ou as possibilidades de construção de impérios. Tenho feito alguns desses, muitas vezes quando estou perto do prazo final de entrega de um livro. Gosto de poder encarar um manuscrito sem as interrupções inerentes à vida familiar. Escolha um local que não seja muito longe; você não quer gastar tempo de retiro com a viagem. Conte com sua equipe doméstica para tornar a logística possível. Então passe pelo menos duas noites por lá. Isso lhe dará um dia inteiro no qual você não precisará pensar em trânsito ou responsabilidades familiares. Ter um problema específico que você deseja resolver é fundamental. Se você fizer um retiro apenas para pensar melhor, talvez não tenha tantos pensamentos úteis quanto gostaria. Isso pode ser frustrante se você tiver cobrado favores para tornar a ausência possível. **TENHO NOTADO, NO ENTANTO, QUE SIMPLESMENTE SE AFASTAR DAS COISAS PODE AJUDÁ-LO A**

RECONHECER OPORTUNIDADES. Eu estava em um retiro para conclusão de livro nas montanhas de Poconos, na Pensilvânia, em 2017 quando cliquei em The SHU Box, um dos meus blogs favoritos, e li que Sarah Hart-Unger estava pensando em lançar um podcast. Procurei saber se ela gostaria de começar esse novo projeto em parceria comigo, e lançamos *Best of Both Worlds* cerca de um mês depois. Isso deu início à guinada geral da minha carreira em direção à produção de podcasts. Eu teria pensado em enviar aquela mensagem se eu tivesse lido a postagem do blog de Sarah enquanto assistia distraída a um filme de caratê? É difícil saber.

> ALGUMAS OPORTUNIDADES SURGEM PORQUE ESTAMOS PROCURANDO ATIVAMENTE. E ÀS VEZES APENAS FAZEMOS PEQUENAS APOSTAS, ABERTOS AO QUE ACONTECE. VOCÊ PODE ENCARAR ISSO COMO PLANTAR SEMENTES. NEM TODAS GERMINAM, MAS, EM UM SOLO FÉRTIL, MUITAS VINGAM. SE VOCÊ SEMEAR O SUFICIENTE, TERÁ UMA COLHEITA E TANTO.

Então, para continuar empurrando a carreira para níveis mais altos, adquira o hábito de lidar com projetos especulativos. O que aconteceria se você decidisse escrever uma série de artigos para um site popular? O que aconteceria se você decidisse controlar seu tempo por um ano ou correr todos os dias durante o mesmo período, ou memorizar cem poemas e se filmar recitando-os? O que aconteceria se você decidisse escrever um e-mail apresentando duas pessoas diariamente durante um mês? O que aconteceria se você enviasse uma mensagem curta todos os dias para uma pessoa aleatória de sua lista de contatos? Eu não faço ideia. Mas algo aconteceria. **TODA ESSA ATIVIDADE TENDE A GERAR ALGUMA RESPOSTA RECÍPROCA DO UNIVERSO.**

Você terá novas ideias e encontrará novas oportunidades. Um dos velhos argumentos contra o trabalho remoto era que o acaso leva a descobertas. Você se senta ao lado de alguém novo no refeitório da firma e, assim, do nada, sua empresa desenvolve um produto de um bilhão de dólares! E, no entanto, curiosamente, essa ideia de um bilhão de dólares é tão fugaz que não vai acontecer quando as pessoas trabalharem em home office uma vez por semana. Esse é um exemplo hipotético, mas, se novas ideias vierem de novas fontes, você é capaz de descobrir maneiras de engendrar mais acasos em sua vida, onde quer que esteja trabalhando. Tenho certeza de que, trabalhando com independência decisória, quando você não tem que seguir as normas do grupo presencial de não sair do escritório ou de ter apenas determinadas páginas e programas abertos na tela do seu computador, você pode criar mais acasos do que se estivesse sentado em uma mesa de escritório por quarenta horas semanais. Portanto, tente coisas especulativas. Vá a novos lugares. Atenda a uma ligação ocasional de alguém apenas porque sim. Você pode deixar essas sugestões na lista de tarefas secundárias para evitar que controlem sua programação, mas tente pelo menos algumas delas. E, sempre que sentir algo que realmente o intrigue, preste atenção. **PODE SER HORA DE AGIR.**

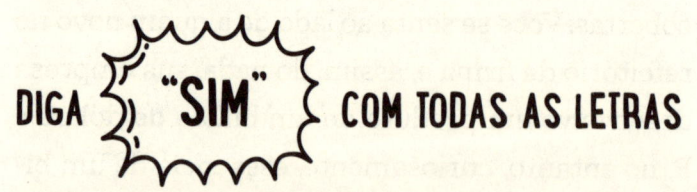

DIGA "SIM" COM TODAS AS LETRAS

Para sentir aquela onda mágica de progresso no trabalho e na vida, você deve dizer sim a tudo que o empolga, mesmo se não souber ao certo como vai funcionar. Você é esperto; descobrirá. Acionará sua rede para obter conselhos de alguém que tentou fazer o que você está tentando e contratará pessoas magníficas para ampliar seu impacto. Se precisar de mais tempo, convocará os reforços e talvez trabalhe algumas horas à noite ou no fim de semana.

LEMBRE-SE APENAS DE UMA COISA: PARTE DE TER ESPAÇO MENTAL PARA DIZER "SIM" PARA GRANDES COISAS É NÃO SOBRECARREGAR A VIDA COM PEQUENAS COISAS. QUANDO SE DIZ "SIM" PARA UM MONTE DE PEQUENAS COISAS, VOCÊ SE SENTE OPRIMIDO. AÍ É DIFÍCIL ENXERGAR QUE AS PEQUENAS COISAS NÃO SÃO IMPORTANTES.

Para evitar essa armadilha, comprometa-se a considerar o custo de oportunidade. Quando alguém lhe pedir para fazer alguma coisa, não olhe sua agenda para ver se está livre. Pense no que mais você pode fazer com o tempo. Nos sessenta minutos em que você está ao telefone falando sobre um projeto cuja importância você definiria como cinco em uma escala de dez pontos, você pode enviar mensagens para quatro ex-clientes que considera que poderiam se tornar de importância oito ou nove. Pessoas ambiciosas quase sempre conseguem levar alguns oito ou nove para sua vida quando tentam. Então, quando está pensando em assumir esse projeto de importância cinco, o custo de oportunidade não é zero. Eis uma máxima que você pode pegar emprestada: "Muito obrigado por pensar em mim. Não vou conseguir fazer isso agora, mas lhe desejo boa sorte com seu projeto!".

Certamente esse pode não ser o texto adequado para dizer ao seu supervisor. Mas, mesmo nessa situação, as pessoas geralmente têm mais controle sobre seu tempo do que pensam. **PROPONHA PROATIVAMENTE PROJETOS QUE O ENTUSIASMEM.** Claro, todos nós precisamos contribuir com as coisas, e algumas tarefas às quais você atribuiria uma importância quatro ou cinco em uma escala de dez pontos precisam ser realizadas, mas, quanto mais coisas importantes você traz, menos sentido faz que as menores sejam feitas por você. E, a menos que sua empresa esteja propositalmente fazendo coisas inúteis, suas tarefas de importância cinco podem ser as tarefas de importância dez para outra pessoa. Mantenha-se informado sobre os interesses de seus colegas. Aqui está outra frase perfeitamente aceitável para dizer ao seu supervisor: "Eu adoraria ajudar, mas posso sugerir chamar Jane? Ela comentou durante o almoço na semana passada que queria trabalhar com o cliente x...". O tempo gasto em uma coisa é o tempo que não é gasto em outra. **É A SUA VIDA – ENTÃO VALE A PENA SER OUSADO.**

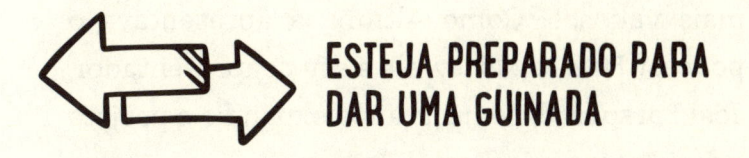 ## ESTEJA PREPARADO PARA DAR UMA GUINADA

Todas essas pequenas apostas que você faz, com o tempo, ampliarão o mercado para o seu nome. É bom ter opções. Sobretudo em tempos de incerteza econômica. Poucos planos de negócios levam em conta um fechamento de vários meses ordenado pelo governo. Nos últimos anos, uma grande parte da minha receita veio de palestras em eventos que, enquanto escrevo este livro, constituem reuniões absurdamente longas. Estou contente que esses eventos não sejam a única fonte de renda da minha família.

PENSAR GRANDE, EM PARTE, É ESTAR PREPARADO PARA DAR UMA GUINADA QUANDO FOR PRECISO — SEJA POR RAZÕES ECONÔMICAS OU PESSOAIS. O negócio de fotografia de casamento de Matt Altmix sempre fez com que ele trabalhasse aos sábados. Antes de os filhos entrarem para a escola, estava tudo bem. Altmix simplesmente tirava a sexta-feira de folga para ficar com eles. Mas, assim que os filhos ficaram presos ao calendário escolar, os fins de semana se tornaram mais valiosos. Como Altmix já apresentava o podcast *How to Money*, ele e seu coapresentador, Joel Larsgaard, começaram a expandir o projeto a fim de ter mais flexibilidade.

Tenho certeza de que os caras do *How to Money* concordariam comigo que a vida fica melhor quando se constrói um fundo de emergência suficiente para ter a chance de tentar algo novo. Se você nunca realmente pensou a respeito disso e está trabalhando remotamente, tem a oportunidade de começar com o dinheiro que teria gastado com gasolina, lavagem a seco para seus ternos ou *tailleurs* e outras despesas semelhantes. A FlexJobs estimou que esse valor seria cerca de 4 mil dólares por ano, em média.[2] Isso não o tornará rico por si só, mas, conforme a pilha cresce, você ficará motivado a procurar maneiras mais substanciais de aumentá-la. Tanto quanto possível, eu também recomendo que qualquer família tenha um portfólio de fontes de renda. Dois empregos para duas pessoas é o portfólio óbvio, mas pode haver outros, incluindo a renda de imóveis alugados, pequenos negócios paralelos e coisas do gênero. **TER SEGURANÇA FINANCEIRA E SABER QUE TEM OPÇÕES DE CARREIRA PODEM PERMITIR QUE VOCÊ PENSE GRANDE.** Você pode correr riscos. Apesar da sabedoria popular, a maioria das pessoas não é realmente mais criativa quando se sente com a corda no pescoço. Uma sensação de abundância nos permite ver possibilidades. Quando se sabe que, caso uma coisa não funcione, sempre se pode encontrar outra e há tempo e conexões para viabilizar isso, opera-se a partir de uma posição de poder. Você tem total controle de seu escritório, esteja ele em um edifício comercial no centro da cidade ou num canto da sua sala. Você é o arquiteto da sua carreira — seu meio de impactar o mundo —, quer faça parte de uma empresa ou administre seu próprio negócio.

Capítulo 5

OTIMIZE O BEM-ESTAR

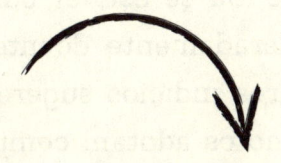

Trabalhadores remotos tendem a ser mais felizes. Uma pesquisa da TinyPulse, empresa de engajamento de funcionários, descobriu que os trabalhadores remotos alcançaram 8,1 em uma escala de felicidade de dez pontos, em comparação aos 7,42 de todos os outros trabalhadores.[1] Os trabalhadores remotos também tiram menos dias de licença médica — embora isso não signifique automaticamente que sejam mais saudáveis. Se você não está expondo outras pessoas a germes, consegue continuar trabalhando enquanto estiver moderadamente doente (ou se estiver cuidando de um familiar moderadamente doente). No entanto, alguns outros indícios sugerem que os trabalhadores remotos adotam comportamentos mais saudáveis. Uma pesquisa da Airtasker com 1.004 funcionários que cumprem jornadas integrais, dos quais metade trabalhava remotamente, descobriu que os trabalhadores remotos realizavam 25 minutos a mais de exercícios durante a semana de trabalho do que os trabalhadores que ficavam no escritório.[2]

Essa última descoberta é intrigante na medida em que as pessoas refletem sobre as formas de trabalho pós-pandemia. O ritmo dos negócios modernos é rápido. Isso requer energia. O exercício e o sono aumentam os níveis energéticos. **TRABALHAR EM HOME OFFICE ALGUNS DIAS POR SEMANA PODE SER UMA FORMA DE AS PESSOAS CANALIZAREM CONSCIENTEMENTE SUAS ENERGIAS PARA ALCANÇAR OBJETIVOS PROFISSIONAIS.** Elas podem transformar o tempo de deslocamento para o local de trabalho em tempo de exercício. Alguém que não começa e encerra o dia de trabalho com um longo deslocamento cinco vezes por semana pode dormir mais. Nem todos os trabalhadores remotos fazem essas escolhas inteligentes, mas os que fazem podem colher os benefícios.

Outra fonte de vantagem estratégica: a capacidade de trabalhar mais sem sentir que a vida está desmoronando. Um estudo realizado com funcionários da IBM descobriu que aqueles que podiam definir os próprios horários e trabalhar em home office ocasionalmente eram capazes de trabalhar 57 horas por semana.[3] Para aqueles presos dentro de um escritório em horários definidos, o ponto de ruptura era 38 horas.

> QUEM NÃO GOSTARIA DE FUNCIONÁRIOS ENERGIZADOS QUE PODEM TRABALHAR 50% MAIS? O TRABALHO REMOTO É UMA FERRAMENTA PARA CONSEGUIR ISSO, E AS ORGANIZAÇÕES QUE O IMPLANTAM ESTÃO BEM POSICIONADAS PARA OBTER SUCESSO.

Claro, se você leu até aqui, não preciso convencê-lo de que o trabalho remoto é bom para o bem-estar. Portanto, este capítulo fala a respeito de algumas dicas práticas para realmente otimizar o bem-estar no seu home office — para que você possa realizar ainda mais coisas incríveis.

ACOMODE-SE DE MANEIRA CONFORTÁVEL

Um momento ruim na minha carreira foi depois de uma mudança, quando acabei ficando sem escrivaninha. A antiga tinha sido feita especificamente para caber em um determinado apartamento e não se encaixava no novo. Trabalhei sentada no chão por vários meses. Sim, é absolutamente tão ridículo quanto parece. Minhas costas doíam, entre outros problemas. Um tapete novo e chique, uma escrivaninha robusta, uma cadeira ergonômica e uma poltrona de leitura me deram uma nova perspectiva de vida.

Se sua empresa se tornou virtual de um dia para o outro, você talvez tenha ocupado qualquer lugar da casa que lhe pareceu mais conveniente. Mas, se seu novo normal for envolver mais trabalho remoto, é aconselhável investir tempo e dinheiro na criação de um espaço de trabalho confortável e produtivo. Em longo prazo, você pode considerar se mudar para algum lugar que lhe permita ter um escritório de verdade. Se não houver possibilidade de isso acontecer em curto prazo, pelo menos coloque a escrivaninha ou a mesa na altura ergonomicamente correta. Adquira uma boa cadeira. As cadeiras da sala de jantar são lindas, mas, acredite em mim, você vai rasgar o estofamento se ficar sentado nelas por quarenta horas semanais, mesmo que suas calças não pareçam muito afiadas. Teste seu corpo. Seus ombros estão curvados ou o pescoço está retesado de um lado? Se estiverem, mova-se e ajuste as coisas até corrigir a situação. Algumas pessoas gostam de se sentar em bolas suíças e outras de ter uma mesa ajustável que lhes permita trabalhar em pé. Descubra o que funciona para você.

Crie algum espaço para armazenamento. Onde colocará papéis, materiais de escritório, livros ou qualquer coisa que você consulte com frequência? Arquivos tendem a não valer a pena, mas uma boa cesta pode guardar objetos aleatórios (e permitir uma limpeza rápida).

Garanta que seu espaço de trabalho esteja próximo a uma janela. Eu sei que há uma corrente de pensamento que torce o nariz para a criação de um espaço de trabalho dentro do quarto, mas, se você estiver em uma casa pequena onde esse é o único cômodo com luz natural e uma porta, acho que o quarto é melhor do que outro lugar menos atraente ou reservado. Tire qualquer bagunça que esteja bloqueando a janela do seu novo escritório e certifique-se de que a vista da janela o faz sorrir. Mude de lugar as latas de lixo ou a mobília de jardim quebrada que você ainda não jogou fora. Plante algumas flores ou coloque vasos de plantas na varanda do apartamento. Eu particularmente adoro a vista do meu home office durante as duas semanas na primavera em que as ameixeiras desabrocham brilhantes e rosadas, e as duas semanas no outono quando o bordo japonês ganha um tom vermelho intenso. Meu marido plantou alguns louros perto da cerca para que eu não visse a garagem dos vizinhos. De vez em quando, tirar os olhos do computador é útil para evitar o cansaço visual, e será muito mais emocionante se houver algo bonito para se olhar.

Em seguida, volte a atenção para o ambiente. Uma das melhores partes de trabalhar remotamente é não ter que tolerar as condições incômodas de um prédio comercial, que acabam com a produtividade e contra as quais você não pode fazer nada. Em todos os meus empregos em escritório, eu morria de frio graças ao ar-condicionado, principalmente no verão. Não tenho o melhor desempenho quando meus dedos estão ficando azuis. O desperdício envolvido em forçar os homens a usarem ternos desconfortáveis para, em seguida, colocar a temperatura em um ponto que eles considerem tolerável, mas que as mulheres — que não conseguem usar meias grossas com os sapatos de salto adequados para o trabalho — achem congelante é incompreensível. Em sua própria casa, você pode deixar a temperatura exatamente no ponto que o deixa feliz (ou pelo menos você pode ligar um aquecedor ou um ventilador sem ser julgado). Se sua casa é barulhenta, compre fones de ouvido com abafador de ruído. Elisabeth Frost, que há anos dirige seu próprio negócio de sua casa e trabalha remotamente para uma universidade em meio período, sugere que as pessoas façam com que seja agradável se acomodar para trabalhar. "Se alguma coisa não estiver funcionando, identifique o problema e corrija-o", ela aconselha. "Você é quem escolhe a cor da tinta, a cadeira, os cheiros etc. Tire o máximo de proveito disso!" Não vão deixá-lo acender uma vela de abóbora com especiarias na sede da sua empresa, mas, se esse cheiro é sua arma secreta, vá em frente. Você está na sua casa!

OUTRA VANTAGEM DO HOME OFFICE: VOCÊ NEM SEMPRE PRECISA TRABALHAR DENTRO DE CASA. De vez em quando, pode mudar de espaço para despertar pensamentos diferentes. Uma biblioteca ou um café servem muito bem para isso. Uma leitora do meu blog sugeriu que, durante o distanciamento social, as pessoas poderiam considerar ter um espaço de trabalho principal e um secundário dentro de casa: "Meu espaço de trabalho principal é uma escrivaninha em um quarto de hóspedes, que é muito parecido com meu escritório na sede da minha empresa. Meu espaço de trabalho secundário é uma poltrona confortável de onde posso fazer videoconferências." Quando o tempo está bom, às vezes levo o notebook para a

varanda dos fundos a fim de estimular meu cérebro a considerar as coisas, literalmente, sob uma
luz diferente.

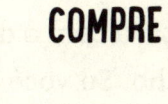

COMPRE BOAS CANETAS

Vamos falar sobre material de escritório. Isso parece uma coisa tri-
vial, e não gosto de gastar dinheiro quando não
preciso. O mundo está repleto de cadernos e canetas gratuitos. Demorou muito, porém, para que
eu percebesse que fico muito mais feliz quando
não me contento com os cadernos e canetas gratuitos que ganhei do banco.

Se está trabalhando fora de um escritório
tradicional, você é o seu próprio gerente, responsável pelo próprio material. É melhor ter
boas ferramentas que o façam querer trabalhar.
Portanto, compre canetas que tornem a escrita
um prazer. Se você quer um grampeador com
algum peso, que se encaixe bem na sua mão,
procure por um que o agrade — um modelo na
sua cor favorita será mais difícil de ser rouba-
do pelos outros membros da família. Se um se-

gundo monitor facilitaria seu trabalho, compre um. Mesmo que, a princípio, pareça ser um investimento caro, se você dividi-lo por cada dia de trabalho em home office no decorrer de um ano, verá que será uma decisão mais econômica do que o valor que você gastava com o deslocamento para o local de trabalho. Se você é uma pessoa que normalmente gosta de gastar, é melhor definir um orçamento, mas a boa notícia é que mesmo materiais de escritório extravagantes são razoavelmente baratos. **DÁ PARA CONSEGUIR MUITA COISA COM UM ORÇAMENTO PEQUENO.** E se as empresas acreditam que as pessoas conseguem ter ideias de bilhões de dólares ao esbarrar acidentalmente umas nas outras no banheiro feminino, não há razão para que a felicidade que você sente ao olhar para um porta-lápis bem projetado também não possa desencadear alguma coisa. Isso seria um dinheiro bem gasto.

COMPRE FAIXAS ELÁSTICAS

Conforme observado anteriormente, o tempo gasto no deslocamento para o trabalho costuma ser inversamente proporcional ao tempo gasto com exercícios. Pessoas que não têm um deslocamento diário de cinco dias por semana, teoricamente, terão mais tempo para se exercitar. O paradoxo, porém, é que elas têm menos oportunidades para isso. A caminhada da cama até o home office pode levar 25 passos. As pessoas que trabalham em home office precisam conscientemente criar movimento em seus dias.

Isso não significa que você precisa comprar uma esteira ou um aparelho de remo. A maioria das pessoas não deveria fazer isso. Esses grandes investimentos em dinheiro e metros quadrados fazem mais sentido para corredores ou remadores profissionais que já se exercitam na maioria dos dias e querem uma opção para dias de chuva. **SENDO MAIS DIRETA: COMPRAR EQUIPAMENTOS NÃO VAI FAZER VOCÊ SE EXERCITAR.** (Espero que ao menos esse conselho tenha tornado este livro um bom investimento do seu dinheiro!) Dito isso, é melhor comprar um equipamento leve e barato que não represente uma perda real caso não seja usado, mas que seja discreto o suficiente para que você possa mantê-lo por perto, aumentando assim as chances de usá-lo durante os intervalos.

Pamela Hernandez, uma personal trainer de Springfield, Missouri, que tem vários clientes que trabalham em home office, sugere comprar algumas faixas elásticas e halteres. Juntamente com o próprio peso corporal, eles conseguem trabalhar quase todos os músculos (pesquise no Google "exercícios com faixa elástica" para ter ideias). Ao manter esses objetos à vista, eles darão um incentivo visual para pegá-los a qualquer momento que você tiver alguns minutos livres. Faça algumas flexões de bíceps antes de dar um telefonema. Faça uma prancha enquanto um documento estiver sendo impresso. **UMA BOA REGRA PRÁTICA: CERTIFIQUE-SE DE QUE TENHA FEITO ALGUM EXERCÍCIO TODOS OS DIAS ATÉ AS QUINZE HORAS.** Marque um sinal em um caderno toda vez que você passar um ou dois minutos fazendo algum treino de força e, junto com uma pausa para caminhada, você atenderá às diretrizes atuais de exercícios. Embora não haja nada impedindo ninguém de fazer esse treino de força em um escritório normal, quase ninguém faz. Normas de grupo são coisas poderosas — mas quando você foge delas, trabalhando em home office, pode acabar descobrindo que está se tornando fisicamente mais poderoso.

COMA BEM

Teoricamente, trabalhar em home office permite que as pessoas troquem o tempo de deslocamento pelo tempo para cozinhar. Algumas pessoas com vocação para a culinária gostam de criar refeições mais elaboradas. Se você não é uma delas (assim como eu), refeições simples (ou terceirizadas) são a solução. **MAS DESCOBRI QUE TRABALHAR EM HOME OFFICE PERMITE ESCOLHAS MAIS SAUDÁVEIS PARA O ALMOÇO.**

Para começo de conversa, é mais provável que seu almoço seja feito em casa. As refeições de restaurantes tendem a ser mais ricas em calorias e sódio. Se você comer sobras do jantar no almoço (como quase sempre faço) e seu jantar tiver incluído legumes e verduras, então seu almoço terá legumes e verduras, o que já dá duas porções de vegetais por dia. Se você não comer sobras do jantar, um almoço prático permite que você coma algo saudável sem gastar muito tempo durante o dia de trabalho com isso. Por exemplo, alface lavada e cortada, uma proteína semipronta (frango cozido etc.), nozes, legumes picados e alguns molhos podem ser combinados em proporções variadas para fazer uma salada diferente a cada dia. Vegetais congelados e refogados sobre arroz integral de saquinho (cozido na panela ou no micro-ondas) podem ficar prontos em dez minutos. Você pode até cozinhar peixe, o alimento saudável por excelência, e não provocar a ira de ninguém por causa do cheiro (a não ser de quem mora com você).

VIVA PEQUENAS AVENTURAS

A vida é mais emocionante quando os dias não são iguais. Isso pode acontecer se você passar a terça-feira e o sábado exatamente no mesmo lugar. Uma rotina diária ajuda a gerenciar a energia. Mas fazer pelo menos uma coisa por dia para quebrar a rotina forçará o cérebro a se manter atento. Essa novidade torna a vida mais memorável. Uma vez que a densidade das memórias afeta nossa percepção de quanto tempo se passou (o que explica por que o primeiro dia de férias em algum lugar exótico parece muito longo), isso significa que as aventuras podem esticar o tempo.

PORTANTO, PROCURE TER PELO MENOS UMA PEQUENA AVENTURA POR DIA. Existem todos os tipos de possibilidades. Mesmo sob ordens de distanciamento social e ainda mais quando a vida se abre. Em vez de seguir o trajeto habitual pelas calçadas, corra em uma trilha. Experimente um piquenique. Organize uma caça ao tesouro familiar. Prepare uma nova receita para o jantar na mesma noite em que um amigo estiver fazendo o mesmo prato e faça uma videoconferência para trocar observações. Encontre um amigo para dar uma volta de vinte minutos em um museu próximo, onde cada um escolhe uma obra de arte para refletir junto ao outro durante metade desse tempo. Se os museus estiverem fechados, encontre-se para refletir a respeito de uma escultura ou um chafariz ao ar livre.

É difícil planejar essas coisas em cima da hora. A caixa de entrada estará sempre chamando. Portanto, ao planejar as semanas, pense em um punhado de microaventuras. Coloque uma na lista de tarefas de cada dia. Troque-as se o dia designado para o piquenique de café da manhã amanhecer frio e chuvoso, mas a advertência de "O tempo passou voando!" é realmente uma declaração de que não nos lembramos de como estamos gastando o nosso tempo. **TORNE A VIDA MEMORÁVEL E VOCÊ NÃO TERÁ ESSE PROBLEMA.**

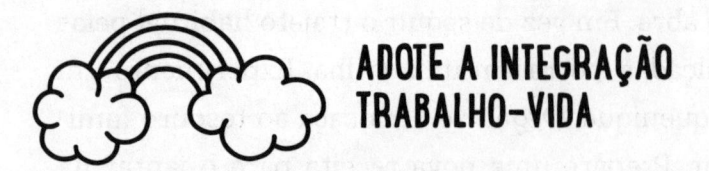

ADOTE A INTEGRAÇÃO TRABALHO-VIDA

Ao contrário de muitas pessoas, eu não comecei a trabalhar em home office por causa das vantagens do equilíbrio entre trabalho e vida pessoal. Como uma freelancer novata, eu não podia me dar ao luxo de trabalhar em qualquer lugar que não fosse meu minúsculo apartamento localizado no térreo do edifício. Mas, com o passar dos anos, dar atenção à minha vida pessoal se tornou mais importante à medida que minha família cresceu. Gosto de poder cumprimentar as crianças quando elas descem do ônibus escolar. Consegui amamentar meus bebês durante o dia de trabalho, o que é infinitamente mais agradável do que me prender a uma bomba de sucção. Eu vou a eventos escolares durante o dia. E, para tornar isso possível, começo a trabalhar de manhã cedo, continuo depois que meus filhos vão para a cama, nos fins de semana, nos feriados e assim por diante. Para mim, a integração trabalho–vida significa ir de uma atividade para a outra conforme seja preciso. **TRABALHAR EM HOME OFFICE TORNA O TEMPO DE TRANSIÇÃO INSIGNIFICANTE.** Eu posso ir e voltar.

Como acontece com a maioria dos aspectos do trabalho em home office, você pode reproduzir sua programação exata do escritório. Algumas pessoas sugerem manter o trabalho e as tarefas familiares e de cuidados com a casa completamente separados e nunca permitir que os dois se sobreponham. As personalidades diferem; os compartimentalizadores podem funcionar melhor com limites rígidos. Mas eu desafiaria as pessoas a experimentarem.

> DESCOBRI QUE A FELICIDADE PODE SER ALCANÇADA TORNANDO OS LIMITES ENTRE TRABALHO E VIDA MAIS POROSOS — PERMITINDO QUE MAIS DAS 168 HORAS DA SEMANA ESTEJAM DISPONÍVEIS PARA O TRABALHO, A VIDA OU AMBOS.

Para começo de conversa, é bom que seus filhos vejam o que você faz da vida. Não há mistério a ser desvendado apenas no "dia de levar os filhos ao trabalho". Elisabeth Frost diz que ela e seu marido não evitam que seus filhos os vejam trabalhando: "E nem deixamos de dizer para eles, quando necessário, que estamos trabalhando em alguma coisa importante. Explicamos, claramente, que mamãe e papai trabalham para sustentar nossa família. Passamos muito tempo com eles! Mas também temos empregos e queremos que eles saibam como é. Isso significa que posso ter que negar uma segunda história para dormir porque preciso dar um telefonema... mas também pode significar que consigo dar uma longa caminhada com eles depois do almoço em uma quarta-feira". Se você dirige sua própria empresa, pode usar adolescentes e pré-adolescentes como assistentes ocasionais, capazes de dar um pulo nos correios ou calcular as despesas. Na LauraVanderkam.com, meu filho mais velho se tornou de longe meu blogueiro convidado — postando resenhas de filmes e classificações de atrações de parques de diversões e outros conteúdos que eu não conseguiria nem mesmo pensar em gerar sozinha.

EM SEGUNDO LUGAR, A INTEGRAÇÃO PERMITE CRONOGRAMAS QUE PARECEM FABRICAR TEMPO.

Você pode percorrer uma distância razoável em um dia agitado trocando de roupa para correr durante uma pausa entre as *calls*, sair porta afora para uma corrida de 25 minutos durante outro intervalo de meia hora e depois sair novamente, mais tarde, para outra corrida de 25 minutos. Eu vejo nos registros de tempo que esses intervalos de trinta minutos entre as reuniões são geralmente usados para limpeza da caixa de e-mails — uma atividade inútil, já que o e-mail se expande para preencher todo o espaço disponível. **MELHOR APROVEITAR O MOMENTO PARA ALTERNAR ENTRE AS PRIORIDADES PESSOAIS.** A integração pode até mesmo servir a todas as outras pessoas na sua vida. Em um dia agradável, você pode sair cedo e pegar uma mesa do lado de fora de um bar ou restaurante badalado. Peça uma bebida para segurar a mesa, passe meia hora respondendo aqueles e-mails chatos se quiser e, em seguida, esteja pronto para receber todos os seus amigos quando a multidão que sai dos escritórios às dezoito horas invadir o bar.

Quando trabalho e casa se misturam, você também pode usar pequenas porções de tempo para cultivar relacionamentos. Isso aprofunda o tempo muito intensamente. Feito de forma descuidada, você estará lutando contra distrações constantes. Mas feito com atenção, você pode realizar tarefas discretas ao lado de uma criança que está fazendo a lição de casa, acariciar um cachorrinho enquanto edita um documento ou desfrutar de uma pausa bem oportuna para um almoço a dois (enquanto as crianças estão na escola!) com seu cônjuge, que *também* está trabalhando em home office.

>>> ESSAS SÃO APENAS MAIS ALGUMAS VANTAGENS DO NOVO ESCRITÓRIO: A SUA CASA! <<<

NOTAS

INTRODUÇÃO

[1] REYNOLDS, Brie Welier. 159% Increase in Remote Work Since 2005: FlexJobs & Global Workplace Analytics Report, 29 de julho de 2019. Disponível em: https://www.flexjobs.com/blog/post/flexjobs-gwa-report-remote-growth/.

[2] BRENAN, Megan. EUA Workers Discovering Affinity for Remote Work, 3 de abril de 2020. Disponível em: https://news.gallup.com/poll/306695/workers-discovering-affinity-remote-work.aspx.

[3] *Ibidem.*

CAPÍTULO 1: GERENCIE SUA ROTINA POR TAREFA, NÃO POR TEMPO

[1] HICKMAN, Adam; ROBINSON, Jennifer. Is Remote Work Effective? Gallup Research Says Yes, 24 de janeiro de 2020. Disponível em: https://www.gallup.com/workplace/283985/working-remotely-effective-gallup-research- diz sim.aspx.

[2] AMABILE, Teresa; KRAMER, Steven J. The Power of Small Wins, edição de maio de 2011. Disponível em: https://hbr.org/2011/05/the-power-of-small-wins.

CAPÍTULO 2: PEGUE O RITMO

[1] NIKOLOVSKI, Janeta; GROPPEL, Jack. The power of an energy microburst, 2013. Disponível em: https://www.researchgate.net/publication/280683168_The_power_of_an_energy_microburst.

[2] REYNOLDS, Brie Welier. FlexJobs 2018 Annual Survey: Workers Believe a Flexible or Remote Job Can Help Save Money, Reduce Stress, and More, 8 de setembro de 2018. Disponível em: https://www.flexjobs.com/blog/post/flexjobs-2018-annual-survey-workers-believe-flexible-remote-job-can-help-save-money-reduce-stress-more/.

CAPÍTULO 3: MONTE A EQUIPE CERTA

[1] GRAZER, Brian. Face to Face: The Art of Human Connection. Nova York: Simon & Schuster, 2019.

CAPÍTULO 4: PENSE GRANDE

[1] CLARK, Dorie. Stand Out: How to Find Your Breakthrough Idea and Build a Following Around It. Nova York: Portfolio/Penguin, 2015.

[2] REYNOLDS, Brie Welier. 6 Ways Working Remotely Will Save You $4000 Annually, or More, 9 de janeiro de 2018. Disponível em: https://www.flexjobs.com/blog/post/6-ways-working-remotely-will-save-you-money/.

CAPÍTULO 5: OTIMIZE O BEM-ESTAR

[1] TINYPULSE. What Leaders Need to Know About Remote Workers, 2016. Disponível em: https://cdn2.hubspot.net/hubfs/443262/pdf/TINYpulse_What_Leaders_Need_to_Know_About_Remote_Workers.pdf.

[2] AIRTASKER. The Benefits of Working From Home, 31 de março de 2020. Disponível em: https://www.airtasker.com/blog/the-benefits-of-working-from-home/.

[3] BYU UNIVERSITY COMMUNICATIONS. Telecommuters with flextime stay balanced up to 19 hours longer, 31 de maio de 2010. Disponível em: https://news.byu.edu/news/telecommuters-flextime-stay-balanced-19-hours-longer.

Este livro, composto na fonte Zilla Slab,
foi impresso em papel Pólen Bold 70 g/m² na Edigráfica.
Rio de Janeiro, janeiro de 2021